基于搜索·社交·电商视角的
互动营销研究

郭 鹏 张 丽 著

中国纺织出版社有限公司

图书在版编目（CIP）数据

基于搜索·社交·电商视角的互动营销研究 / 郭鹏，
张丽著. -- 北京：中国纺织出版社有限公司，2020.10（2023.8 重印）

ISBN 978-7-5180-6914-9

Ⅰ.①基… Ⅱ.①郭… ②张… Ⅲ.①电子商务—网
络营销—研究 Ⅳ.① F713.365.2

中国版本图书馆 CIP 数据核字（2019）第 238456 号

策划编辑：范雨昕 　　责任编辑：胡　蓉
责任校对：王花妮 　　责任印制：何　建

中国纺织出版社有限公司出版发行
地址：北京市朝阳区百子湾东里A407号楼　邮政编码：100124
销售电话：010—67004422　传真：010—87155801
http://www.c-textilep.com
中国纺织出版社天猫旗舰店
官方微博 http://weibo.com/2119887771
北京虎彩文化传播有限公司印刷　各地新华书店经销
2020年10月第1版　2023年8月第4次印刷
开本：710×1000　1/16　印张：12.75
字数：178千字　定价：98.00元

凡购本书，如有缺页、倒页、脱页，由本社图书营销中心调换

前　言

　　互动营销是相对于传统营销来说的一个概念。传统营销是指在以前大众媒体传播时代，企业进行单向传播，消费者被动接收的营销方式。互动营销这一概念强调的是消费者变被动为主动，积极参与到企业的营销传播中去，主要指的是互联网环境下以"互动"为主要特征的营销传播。互联网的一个重要特征是"互动"，基于互联网基础上开展的营销活动可以让营销双方开展多种形式的互动。多个要素的积极互动极大地影响了营销的效果，这与传统的营销有很大的不同。研究互动营销可以让人们了解互动营销自身的价值，有助于企业结合自身实际开展不同形式的互动营销，从而服务于企业的整体营销战略。

　　互动营销有着多样化的表现形式，本文主要是以搜索营销、社交营销、电商营销为例来全方位地分析互动营销。之所以选取上述三种方式，主要是基于当前网络的流量主要来自搜索、社交、电商这三大领域。此外，三种营销方式具有较强的代表性。搜索营销这种营销方式有两个显著的特点：一是作为搜索营销的使用者——用户是带着需求来进行搜索的，目的性很强，因此容易达成转化；二是作为搜索的提供者——平台提供了海量的答案或者数据，来满足搜索者的请求。社交营销这种方式最大的特点之一是其多元主体对多元主体的裂变式的营销活动。而电商营销的特点是精准、转化率高、形式多样。上述三种营销方式，不论哪一种，在实施的过程中，企业、用户、平台等要素均展开了多种形式的互动。每种营销方式在互动方面都呈现自己的特点。本书针对上述三种营销方式深入分析了这些要素如何发生作用，并如何更好地连接企业和用户等问题。

　　在上述分析的基础上，本书总结了不同营销模式的特点。搜索营销是企业利用搜索平台上的关键词等要素，将带有特定需求的用户吸引过来并产生影响的过程。社交营销是企业利用社交平台上的一系列要素，引发用户和用户之间的分享。而电商营销则是利用特定的互动产品，促进用户与商品的互动。在此基础上本书深入挖掘了互动营销的自身价值，对于互动营销的未来作出了趋势性的判断。

著者
2020年1月

目　录

第一章　绪论

第一节　研究缘起

互动营销是相对于传统营销而言的，是一种不同于传统营销的营销理念、营销方式。互动营销的出现与发展有其自身的必然性。本书研究互动营销模式，主要是基于消费、媒介、技术、企业等几个因素在近年来发生了较大的变化以及传统营销自身存在许多问题。

一、消费方面发生的变化

从消费特点来看，消费者过去购买产品主要考虑产品价格、质量、性价比等因素。随着经济的发展和消费者自我意识的增强，消费升级的趋势越来越明显地体现在消费行为之中，表现为消费者愿意为好的产品或服务接受更高的价格，消费者不乐意接受冷冰冰、没有情感的产品或者品牌，更喜欢富有情感，具有较强的人格化的产品。从大众化消费转变为个性化消费的趋势越来越明显，追求个性化使得品牌的感性层面越来越重要，而品牌的感性层面通过传统的单向营销传播具有很大的局限性，传播效果越来越弱，而以"互动"为主要特点的互动营销方式则表现出极大的优势，可以和消费者之间进行深度的沟通。

从消费者角色的变化来看，作为营销中重要一方的消费者对既有的类的营销方式越来越反感，希望与品牌进行沟通，希望品牌与自身的价值观一致，甚至参与到品牌的建设中，从而满足自己的需求或体现自身的价值。近年来，消费者的行为模式也在发生改变，例如消费者行为模式从AIDMA到AISAS的变化。● 在AIDMA行为模式中，消费者购买行为的发生往往意味着整个流程的终结，而在AISAS模式中，伴随消费者购买行为的发生而来的是消费者在互动媒体上的分享行为，而这种分享行为往往很容易带来新的消费行为，如此进行不断往复和循环。消费者不仅仅是信息的接收者，同时还是一个新的信息传播节点，是信息的传播者。因此，传统营销模式下，消费者是接收者，而互动营销模式下，消费者既是接收者，同时又是传播者。

二、媒体环境发生的变化

长久以来，消费者通过接触传统媒体中的营销内容作为产品购买的重要参考。广告对消费者起着重要的作用，广告可以提升产品的知名度，可以给消费者造梦，这些都会对消费者产生重要的影响。但是，近年来，从整体市场来看，报纸、杂志、电视、广播等传统媒体中的绝大多数个体已经出现严重的下滑，报纸的持续萧条、电视收视率及经营的滑坡不绝于耳，消费者的注意力发生了很大的变化。消费者媒体的接触习惯处于持续变化之中，从报纸、广播、电视等传统的大众媒体到网络媒体，到今天的移动网络媒体。

消费者的媒介接触很大一部分已经转移到互联网上，消费者的注意力在哪里，企业的营销自然也要关注到哪里。互联网上的营销有广播式的成分，这是与传统营销相似的地方。但是它最突出的特点是互动营销，互联网作为重要的互动媒体，提供了一系列的互动方式，例如搜索引擎营销、电商营销、社交营销、视频营销等多种方式。通过上述不同的营销方式，企业和用户、用户和用户之间可以实现双向互动。这种互动方式可以给用户更好的体验，更好地参与

● 美国广告学家刘易斯在1898年提出消费者行为模式，AIDMA，即Attention（注意）、Interest（兴趣）、Desire（爱好）、Memory（记忆）、Action（购买）。电通在2007年提出新的消费者行为模式，AISAS，即Attetion（注意）、Interest（兴趣）、Search（搜索）、Action（购买）、Share（分享）。

到企业的营销活动中去。

三、技术方面发生的变化

从技术的视角来看，随着网络技术的发展，互联网为互动营销的开展提供了重要的平台。互联网改变了过去单向的传播模式，技术上的双向性为双方的互动打下了基础，互动成为重要的特点。基于这种互动媒体基础上的营销自然也在发生变化。

从一定程度上来讲，企业通过传统媒体上进行的单向式营销有点像企业的"自言自语"，在过去很长一段时间这种营销是有效的，会对消费者产生积极的影响，比如在企业提升知名度方面。但是今天，这种方式的影响力则持续下降，比如，在与消费者之间深层次的互动方面难以达成良好效果，消费者甚至可以主动进行设置来屏蔽掉这种形式。而基于网络上的互动营销，更多时候像是两个主体之间的"对话"，双方通过对话，能够更好地去了解对方。既然是对话，双方之间就必须倾听，倾听对方的声音、语调、内容，需要站在对方的立场思考问题，这样双方的对话才可以持续。显然，传统营销基本上是难以听到消费者的声音的，反馈渠道非常有限，很多时候要靠产品的销售来模糊地判断营销的效果。实际上，引起产品销售的因素是多元的，销售做得好，不一定意味着传统营销开展得好，有可能是市场处于急速上升期。传统营销模式下的消费者对于企业的营销方式，赞成还是反对，积极还是无感，作为企业来说是很难准确评定的，以往是通过市场调研，以通过个体来推断总体的方式进行判断。互动营销则不同。互联网技术使得在互联网上开展的互动营销效果更容易检测，精准性更高。例如，对于一个活动带来的即时销售效果方面，互动营销具有很大的优势。

近年来企业在营销活动中，会常用到LBS这一技术。LBS技术是基于消费者当前位置开展一定的服务。作为企业，并没有在此时像开展传统营销那样向消费者进行广告信息的传递，而是基于消费者所在的位置这一特定的场景，根据消费者的一系列特征和数据，对其推送与之相关的信息或服务。由于针对性强这一特点，很容易产生好的营销效果。

四、企业自身需求的变化

过去企业开展营销活动，往往假定其目标客户群是具备某一特征的一群人，喜欢短时间内对一个较大的群体实施密集的广告轰炸，让营销信息在短时间内打通一个市场，追求知名度、美誉度等，因此会对覆盖率、收视率有一定的要求。随着环境的变化，企业今天对这些指标有所弱化，但是往往会有其他新的要求。例如，精准到达目标受众、与目标受众进行一对一沟通、品牌打造与产品销售的考量。要达到这样的沟通目的，传统营销方式显然无法达成，而互动营销则可以实现这一目标。

五、传统营销存在的问题

传统的营销模式在过去的营销环境下对企业的营销传播起到了积极的作用，但是到了今天，这种模式的弊端已经充分显露出来。

传统营销是一对多，它假定众多的消费者有着共同的需求。在物质不够充裕、信息不对称的时代，这种营销模式效果是很明显的。但是，实际上，每个消费者都是独立的个体，除了共性的需求之外，自然有大量个性化的需求，传统的一对多的营销方式难以充分满足个性化的个体。缺乏针对性的传统营销弊端显露出来，例如营销过度易引起反感、难以确定转化效果、传播效果难以科学检测等问题。海尔集团董事局主席张瑞敏在2014年公司年会上说道："对海尔来说，无价值交互平台的交易都不应存在。硬广投放的对象报纸、杂志等都已经被海尔列入'无价值交互平台'。"❶ 加上近几年纸媒等媒体的持续衰退，这种传统的营销模式自身的价值也在持续走低。前几年，传统硬广的价格一路走高，就连作为"全球最大广告商"的宝洁都坦言广告费用偏高，数量众多的中小型公司自然更加难以承受。企业有营销的需求，但是营销的费用过高

---

❶ 钛媒体. 海尔说，我们不跟硬广做朋友了. http://www.tmtpost.com/90439.html. 2014-01-21.

在一定程度上限制了营销活动的开展。而互动营销则可以很好地弥补传统营销模式的缺点，从营销费用、传播效果上都有着与传统营销截然不同的特点。

可见，基于上述多个因素的变化，加上传统营销自身的问题，企业纷纷发力互动营销市场。

基于互动营销产生的背景，本书系统梳理互动营销的基本理论，结合互动营销不同模式下的相关实践，了解互动营销不同的模式背后共通的东西。互动是表象，在不同的媒体形式上，互动的表现形式可能不同，例如搜索营销、电商营销、社交营销上的互动，每一种营销方式下的互动都呈现不同的特点，那互动背后的动因有什么不同呢？不同的营销模式下，企业与消费者、消费者与消费者之间互动的原因、表现形式也有差异性。本书选取三种典型性的营销模式，分析背后互动的原因、互动产品的使用，在此基础上对这种营销模式进行评价。最后进行综合的分析，对未来的互动营销发展做出预判。通过分析，本书会对当前处于蓬勃发展状态的互动营销有一个全面而客观的分析，从而为企业的互动营销实践提供理论的借鉴和支持。

第二节　研究内容与方法

一、研究内容

第一章：绪论。主要是研究该课题的背景，为什么要研究互动营销这一核心的问题，主要是基于哪些方面的考量。通过进行系统的文献的梳理工作，了解前人对于这一问题的研究视角和研究成果，从而为本文的研究提供相关的借鉴。同时，结合不同的学科，找出具体的理论作为支撑，此外，还介绍了具体的研究方法。

第二章：互动、营销与互动营销。主要是了解互动、营销、互动营销这三个概念的内涵。本章从关键词"互动"出发，了解互动的本质，重点梳理了不同的历史时期的互动是如何表现的，不同学科背景下的互动，例如营销学、传播学、社会学有哪些差异，在此基础上提出关于互动的观点。互动是双方之间基于某种规范、利益、兴趣、情感等而展开的一方作用于另一方，另一方再反作用回来的一种关系。通过互动，双方之间可以传递信息、情感或者行为，从而使双方之间建构起一种关系。互动可以使互动主体之间更好地建立联系。然后对营销、互动营销的概念进行了梳理，重点了解了不同时期营销活动中的主体是如何互动的，提出了本文对于互动营销这一概念的理解。然后梳理了互动营销的要素以及不同要素之间的关系。最后分析了本文为什么以搜索营销、社交营销、电商营销为代表来对互动营销进行论述。

第三章：搜索营销：引导用户与搜索引擎的互动。首先介绍搜索营销的整体市场情况，搜索营销市场的构成要素，在这个大的市场上有哪些典型的营销产品，这些营销产品分别如何体现企业与用户、用户与用户等不同角色之间互动的；其次，对35个搜索营销的典型案例从营销诉求、互动产品、互动特征等维度进行梳理和分析，在此基础上探讨搜索营销的互动机制；最后对搜索营销的本质及运作机制做出分析。

第四章：社交营销：引发用户与用户的互动。首先介绍社交营销的构成要素、典型产品，这些产品如何体现企业和用户、用户和用户之间的互动；其次，对40个典型的社交营销案例进行梳理和分析，探讨社交营销的互动机制；最后分析社交营销的重要价值及其可能带来的问题。

第五章：电商营销：促进用户与商品的互动。先介绍电商营销的构成要素，该领域的典型产品，这些产品如何实现企业和用户、用户和用户之间的互动。基于对电商营销的25个典型性案例进行多维度的梳理分析，探讨电商营销的互动机制，再提出对电商营销的发展及问题的思考。

第六章：对互动营销的思考。在分析完上面几种主要的互动营销模式之后，本章对几种模式进行总结，既分析三种模式的差异，又寻找三种营销模式的共同点，而这些共同点在一定程度上来说就是互动营销的重要特点。最后对互动营销的价值以及未来的趋势做出了预判。

二、研究方法

（一）文献研究法

本书选取中国知网上2000年之后以"互动营销"为主题的相关文章，其中，既有硕士学位论文、来自一线的企业互动营销案例，也有一系列关于互动营销反思类的文章。此外，本文还搜集了关于互动、互动营销方面的书籍。例如《解释互动论》《互动广告发展研究》《互动服务营销》，这些文献直接研究互动、互动营销的不同方面，对本文的撰写提供了理论基础。此外还有和本研究主题相关的部分书籍，例如《市场就是谈话》《众声喧哗：网络时代的个人表达与公共讨论》《从莎草纸到互联网：社交媒体2000年》《重塑消费者——品牌关系》，这类相关书籍虽然与本研究主题没有直接的关系，但是为搭建本研究的底层框架奠定了基础。

（二）案例分析法

研究互动营销，除了对文献资料进行梳理之外，笔者还对大量的互动营销案例进行了全面分析，主要是借鉴了2012年、2013年、2015年的《互动营销案例100》、2011～2015年的互动营销论坛上的案例以及网络上影响力较大的互动营销案例。通过全面分析具体的互动营销实践开展的背景、采取的策略、实施之后的效果，本书提炼了企业开展互动营销的营销诉求、具体策略等，同时将大量的案例集中在一起进行归纳，努力找到纷繁复杂的具体现象背后本质的东西。

本书集中搜集了100个互动营销的案例作为分析的样本，其中搜索营销35个、社交营销40个、电商营销25个。对这些案例进行了编码的统计，编码主要是围绕品牌名称、所属行业、营销诉求、互动元素、互动特征、传播效果、销售效果等展开。以营销诉求为例，对其进行进一步的细分，从传递品牌信息、产品销售、用户互动、传播品牌形象等统计案例中的企业行为，对搜索营销、社交营销、电商营销依据此体例进行了分析，以此呈现不同互动营销模式下企业营销诉求的具体表现，如表1-1所示。其他方面，例如互动元素、互动效果等也进行了类似的分析。在总体分析的基础上，本书还对三者在上述方面的表现进行了对比。

表1-1 以搜索营销为例进行案例分析

序号	年份	品牌名称	行业	营销诉求 传递品牌信息/传播品牌形象/产品销售/用户互动/其他	互动元素 关键词/网页/图片/动画/其他	互动特征	互动效果 传播效果	销售效果
1	2010	平安车险	金融	传递品牌信息产品销售	关键词、网页、车险计算器	迅速、精准吸引用户	精准锁定消费者，网络直销平台流量提升，用户进行注册	减少了推广环节和营销费用，销售提升
2	2010	奔驰	汽车	和用户互动	关键词以及品牌专区、关联广告、精准广告等各类广告形式	直接、关联、精准	奔驰S级有效点击总数	
3	2010	九九八航空票务代理公司	商务服务	传播品牌信息	关键词	直接、简单	网站提高了将近3倍以上的流量	网上出票量与同期相比提升30%
4	2011	雀巢奶粉	食品饮料	传递品牌信息	关键词、网页、热点问题	与社交媒体结合，精准沟通用户	雀巢网站的访问量激增	
5	2011	BMW1	汽车	传递信息	关键词、品牌专区、捷径形式报名	直接、简单	推广期间，关键词"宝马1系"的检索量大幅上升	
6	2011	唯品会	电商平台	传递品牌信息产品销售	关键词	简单、直接		销售额环比增长近180%，ROI同期环比增长近30%
7	2011	国航	航空服务	传播品牌形象产品销售	关键词、网页、网盟、品牌专区等	关联、精准、直接拓展客户	消费者点击量提升	拓展了新业务

（三）深度访谈法

由于本书在研究的某些内容方面实践性较强，除了上述对于理论的梳理外，对于某些特定的问题，还通过深度访谈的形式来了解现状。例如，电商营销部分调研了经营状况良好的两家网络店铺，了解其店铺的发展史，近年来开展电商营销的具体情况，使用营销工具的得与失等一系列和实践密切相关的问题。通过深度访谈的形式，详细了解企业真实营销实践中的具体表现，力图弥补单纯的理论分析带来的不足。

第三节　文献研究

本书通过查阅营销传播类专业杂志和中国知网数据库进行了互动营销相关文献资料的梳理工作，发现关于互动营销的文献虽然数量较多，但是主要的研究内容集中在以下几个方面。

一、互动营销的基本问题

（一）互动营销与传统营销的关系

传统营销主要是指基于传统媒体基础上进行的单向信息传播活动。而互动营销不同于传统营销，主要是基于一系列的互动媒体，从用户的视角出发，将营销活动传递给用户，通过利益引导或者趣味性等不同的方式，吸引用户参与到营销活动中去。显然，这种方式比以往的单向式营销活动更加能吸引用户的注意。

有些文献研究了传统营销和互动营销的区别，认为互动营销与传统营销相比，一个重要的特点是互动营销更加重视顾客的体验。北京体育大学沈霁月在《互动营销理念下国际职业网球赛事手机移动平台的传播策略研究》中认为，互动营销模式下，受众的需求，以及受众在赛事中是否参与、是否愉悦、参与

度如何、认识度如何变得非常重要。❶

　　大部分文献资料肯定了互动营销的优势，认为互动营销是当前营销环境下企业应该采取的一种营销理念，传统营销应该向互动营销进行升级。部分文章提到，互动营销有着巨大的优势，但并不是就此可以放弃传统营销，传统营销仍具有自身的价值，互动营销应该与传统的营销方式结合起来才能更好地发挥其传播效果。例如，叶茂中认为，互动营销仍然无法替代传统的大众媒体，相反，它应该与传统大众媒体相结合，而不是简单的重复。❷ 周艳教授认为，互动营销不能离开传统媒体的"规模性"，没有规模的精准毫无意义，传统媒体本身是为了让更多的人知道，它依旧是必不可少的。在这个基础上再利用互动营销，加强精准，这才是极佳的营销模式❸。上述文献客观地分析了互动营销的优势，同时认为不应该放弃传统的营销方式，将二者之间进行结合才是最佳的营销方式之一。

（二）互动营销的影响因素

　　互动营销的顺利开展必然受到一系列因素的影响，例如平台的因素、技术的因素、内容选择与传播、消费者的因素等。要想互动营销取得更好的效果，必须促使这一系列因素的达成。对于互动营销的影响因素方面，文献中主要谈到了两个重要的因素——技术的因素和消费者的因素。

1. 技术因素

（1）互动媒体上的新技术

　　互动营销主要是在互动媒体这一平台上进行，而技术在互动媒体上起到关键作用。例如近年来迅速发展的二维码技术、基于位置的服务（Location Based Services，LBS）技术、实时竞价（Real Time Bidding，RTB）技术等。在这些

---

❶　沈霁月. 互动营销理念下国际职业网球赛事手机移动平台的传播策略研究［D］. 北京：北京体育大学，2016.

❷　叶茂中. 互动时代已经到来［J］. 大市场（广告导报），2007.

❸　周艳. 新变化、新趋势、新机遇［J］. 互动营销专刊，2012.

技术的基础上，许多营销活动得以实施，并取得了积极的营销效果。

辛冬认为，LBS 技术在营销中有着很多的应用，例如签到、积分、信息同步发送、添加朋友等。这些应用会助力企业的营销活动，例如品牌形象的树立，塑造产品、品牌的口碑等。❶ 可见，在LBS技术的基础上，企业可以与消费者之间进行多种形式的互动，让消费者参与到营销活动中去。

近几年，技术的发展非常迅速，技术的发展推动着互动营销的步伐。中国传媒大学马涛博士认为，互动营销在策略上的"黑"体现在各类神秘高深的"黑科技"——增强现实（AR）、人工智能（AI）、大数据应用等。互动营销因为科技演进进入全新发展时代，从观众吐槽刷弹幕、直播互动打赏献礼到热追虚拟现实黑科技等。❷ 这一系列技术的应用必然推动互动营销进入新的发展阶段。

（2）技术提升互动的精准性

技术为互动提供了更多的可能性，同时也提升了互动的精准性，在一定程度上满足企业精准营销的需求。中国传媒大学刘珊博士在论文中谈到，"2010年4月12日，MediaV第一个精准广告投放成功，同一个广告位上不同网民第一次可以看到由MediaV投放的不同广告"。❸ 显然，这里通过技术的力量使得不同的网民在同一个位置接收到不同的信息，这些信息针对的自然是有着不同的身份、需求的个体，这就为互动的精准性打下了基础。

《媒介》杂志认为，RTB是近年来流行的实时竞价技术。RTB是一种利用第三方技术在数以百万计的网站上针对每个用户展示行为进行评估以及出价的竞价技术。❹ RTB技术近年来在网络上得到了极大的应用，其最大的特点是在极短的时间内向消费者推送精准广告，RTB可以实现与用户之间更加精准的互

❶　辛冬. LBS在中国：梦想与现实的距离［J］. 媒介，2011.

❷　马涛. 互动营销的变与不变［J］. 媒介，2016.

❸　刘珊. MediaV：为了更加"精准"的营销［J］. 互动营销专刊：技术驱动优化，2012.

❹　媒介编辑部. 大数据时代沙里淘金［J］. 互动营销专刊，2012.

动,引起消费者的即时反应,从而大大提升交易的可能性。

(3)客观评价技术的作用

许多文献认为技术在互动营销中起到重要的作用,因此应该高度重视技术的力量。同时,也有研究者认为,技术的作用的确很重要,但是应该客观去看待,而不应该片面夸大其作用。例如,安踏品牌管理中心高级总监朱敏捷认为,不要过分迷信大数据等营销技术,对消费者有充分的洞察才是营销中的制胜之道。❶ 朱敏捷对技术的作用进行了客观的分析。实际上,从业界的发展来看,受到各种因素的影响,当前的营销领域对于技术过于崇拜,在肯定技术作用的同时又不过分神化才是科学的分析态度。

2. *消费者因素*

(1)消费者在传统营销与互动营销模式下存在差异

传统的营销模式下,消费者接收了企业的营销信息,往往会在心理、态度、行为等方面产生一系列的影响,比如对于产品的信任与购买。即使最后达成了产品的销售,单个消费者的购买行为可能会通过口碑传递给身边人,很难对一个较大的群体产生影响。但是在互联网的互动营销模式下,用户接收到了企业传播的信息,如果认可这则信息,则可以通过微博、微信等形成即时的二次传播,相当于帮助商家做免费的传播。吴孝明认为,传统意义上而言,品牌传播是基于传播、信息告知以增强品牌曝光度的一种广告方式,互动营销广告的表现方式则相对多元化,更强调让受众参与到广告的行销过程中来。❷ 谭小芳在文中谈到,迪士尼乐园借助QQ用户庞大的人际圈子,以海盗船替换QQ群概念,引发了网友间不断模仿的"羊群效应"。而通过鼓励网友秀出全船成员的QQ昵称以及海盗标志,则无形中使网友扮演了活动的传播媒介,形成"病毒式"传播。❸

---

❶ 刘旭. 体育营销热潮中的冷思考 [J]. 广告大观·媒介, 2016.

❷ 吴孝明. 互联网是一种生活,互动营销广告是一种期待 [J]. 广告大观(综合版),2011.

❸ 谭小芳. 互动营销:企业网络营销法宝 [J]. 中小企业管理与科技(中旬刊),2012.

　　由于互联网集产品展示、促销、销售于一体的功能，用户在认可了产品广告，进行了分享后，也完全可以形成即时购买，而在购买之后还可以对购买的产品进行分享，继续帮助企业进行营销传播。因此，在互动营销模式下，用户不仅是产品信息的接收者、产品的购买者，还可以充当产品信息的二次传播者。这与传统的营销模式有很大的不同。作为企业自然应该在策略上下功夫，或者生产出好的产品，或者营销上打动消费者，充分调动消费者的作用，让其帮助进行品牌传播。

　　（2）通过策略吸引消费者参与

　　许多文献认为消费者在互动营销中的参与意义重大，因此应该重视并通过策略让消费者参与进来。例如中国传媒大学王薇副教授在《互动营销观》一文中谈到，应该从趣味性、实用性、物质或精神激励等方面发力，吸引消费者积极参与。❶ 中国传媒大学龙思薇博士认为，制作事件或者话题，让自己成为热点事件，吸引消费者主动参与比单纯的推广更能起到事半功倍的作用。❷ 两位学者主要从如何让消费者更好参与进来的角度提出了自己的观点。显然，参与带给消费者的对于品牌的认知和理解要远远高于传统营销下单向的广告传播，通过策略吸引消费者参与进来具有重要意义。

　　（3）强调用户需求的重要作用

　　与传统营销的关注视角不同，互动营销更加重视消费者端。因此，大部分研究互动营销的文献都在强调用户需求在互动营销中的重要作用。

　　例如，王永强认为，所谓互动营销，简单来说就是指企业在市场营销过程中充分利用消费者的意见和建议，用于产品的规划和设计，为企业的市场运作服务。即实现消费者与企业的良性互动，从而让企业动起来，让消费者动起来，让产品销售动起来。❸ 鄢海云认为互动营销是一种双向的营销模式，不同

❶ 王薇. 互动营销观［J］. 广告大观·媒介，2012.

❷ 龙思薇. 互动营销透视［J］. 广告大观·媒介，2012.

❸ 王永强. 基于网络的互动营销［J］. 企业活力，2001.

于传统的营销模式。企业利用互动营销进行宣传，可以积极利用消费者的意见和建议去很好地了解消费者的需求，能通过与消费者的互动接触，甚至可以培养很多忠诚的客户，从而达到精准定位的目标。❶ 余瑛认为互动营销是一种全新的营销观念，企业在经营过程中把消费者当作伙伴，经常性地与消费者进行对话，直接了解消费者的需求意图，让消费者积极参与到企业产品的设计、改进、生产等活动中来，使生产出来的产品更易于为消费者接受，从而缩短产品进入市场的时间，取得营销的成功。❷ 上述研究或者从建议出发，或者从意图出发，实质上都是在研究消费者的需求，在满足消费者需求的基础上实现消费者和企业的双向互动。

在传统营销时代，消费者往往被看作信息的接收者和产品的使用者，而在互动营销模式下，消费者被看作信息的传播者和价值的创造者。以往的营销传播主要是企业通过媒体向消费者进行信息的传递，信息传播是单向的。而互动营销模式下，变成了企业和消费者之间的双向推动，消费者不仅是信息的接收者，接收到信息后，随时可以利用手机等终端设备进行分享，因此同时又是信息的传播者。从价值创造的角度来看，一般意义上来理解价值创造的主体往往是企业，实际上，我们对价值的理解也在发生变化。今天，产品是由企业进行生产，而价值的赋予则必须由消费者进行介入。例如，产品的情感价值、体验价值自然离不开消费者，以往的单纯由企业为产品注入价值并进行传播的思路会在运营中遇到较大的问题。可见，随着环境的变化消费者也发生了很大的改变，这与以往非常不同。企业在当前开展互动营销活动，应该重点关注这种变化，更好地满足消费者的需求。

（三）互动营销的模式

大量的研究文献谈到了互动营销的模式问题，有些文献谈到了结合某一特定媒体的营销模式。例如，黄海涛在《互动营销在微博广告中的应用》中提到

---

❶　鄢海云. 从微博广告看互动营销的发展［J］. 东南传播，2016.

❷　余瑛. 互动营销浅谈［D］. 广州：暨南大学，2001.

了微博的传播模式，其中，对裂变式信息传播模式、门户聚合式传播模式、社交网络传播模式等进行了分析。❶

也有文献从个案角度来进行研究。例如曾繁斌在硕士论文《Y公司基于服务价值链的互动营销模式研究》分析了四种互动营销的模式，现场互动营销、通信互动营销、网络互动营销、移动互动营销，对互动的方式、范围、成本等问题进行了分析。

互动营销的模式问题是互动营销研究中的重要内容。但从整体来看，研究相对比较分散。其中，对互动营销进行持续、深入关注的当推中国传媒大学广告学院主办的《媒介》杂志，杂志涉及搜索营销、社交营销、视频营销、电商营销、移动营销、游戏营销等多种营销模式，对多种模式推出专刊进行深入、持续的报道，从产业链条、参与主体、市场格局、营销产品、盈利模式等多个视角进行了全方位的分析。《媒介》杂志还举办了多场互动营销的专题研讨会，在业界产生了较大影响。

2012年2月的《媒介》杂志以"互动营销正当时"为封面主题，围绕互动营销，从搜索营销、社会化媒体营销、视频营销、网络活动营销、游戏营销、移动媒体营销等多种形式对互动营销的理论和实践进行了梳理。从2012年4月开始，《媒介》杂志推出了《互动营销》专刊，对搜索营销、APP营销、游戏营销、电商营销等方式进行了更加深入的分析。2016年11月的《媒介》杂志以"互动——营销之巅"为封面主题，探讨互动营销的本质，从广告主、媒介、营销公司等不同的角度对互动营销进行全面梳理。

（四）互动营销的价值

互动营销具有与传统营销不同的特点，自然也有自身独特的价值。例如，互动营销对于用户参与的设计，会使得用户以更加独特的方式去感受品牌，加深对品牌的认识，而不是像传统营销模式下，仅是从媒体上接收到企业的广告。互动营销还可以引起即时的销售，使得用户在参与、感受的过程中，实现

---

❶ 黄海涛. 互动营销在微博广告中的应用［D］. 成都：西南交通大学，2012.

购买行为的发生，这也是与传统营销具有很大的不同，已经在电商营销等模式中得到了较好的应用。

例如，廖卫红认为企业在移动互联网环境下如果能采取适当的互动营销策略，就能很好地激励消费者直接产生实际消费行为，并在一定的条件下获得消费者忠诚。❶ 朱海舟在《移动媒体营销——大互联时代的弄潮儿》中谈到，Puma新推出的APP，鼓励大家在线上参加活动，大获成功，而且取得了不错的销量。❷ 陈建豪在文中谈道，群邑帮助奔驰在淘宝网上销售smart，2分钟成交150台，2.5小时，398台限量版全部售完。❸ smart还在新浪微博上进行发售，2013年1月18日上午10点整，活动开始仅3秒，第一台新年特别版smart由手机用户率先成功抢购，3分钟后，销售41台，截至当晚18：00，666台特别版smart售完。❹

企业可以通过互动营销这种模式更好地开展精准营销。以往传统营销模式下，企业的营销更多的是针对一个较大的具有相似需求的群体。实际上，群体中的每个成员都有着自己特定的需求和偏好，但是限于技术和成本等方面的制约，企业很难开展针对个体的精准营销。互动媒体的出现则很好地解决了这一问题，而且是以极低的成本和更高效率的方式出现。赵正认为，互动营销的出现给广大中小企业带来了新的营销思路，精准化和低成本成为互动营销的显著优势。❺

互动营销可以使企业更好地实现品牌打造与销售的一体化。许多文献强调了这一点。例如，北汽绅宝通过H5游戏互动营销，通过用户参与互动体验，媒体的传播指数上升一倍，在汽车之家排名从上市前的48名

❶ 廖卫红. 移动互联网环境下互动营销策略对消费者行为影响实证研究［J］. 企业经济，2013.

❷ 朱海舟. 移动媒体营销——大互联时代的弄潮儿［J］. 广告大观·媒介，2012.

❸ 陈建豪. 技术驱动下的智慧营销变革［J］. 互动营销专刊，2012.

❹ 王鸿飞. 奔驰smart 微商务第一案［J］. 互动营销专刊，2013.

❺ 赵正. 互动营销如何颠覆传统［N］. 中国经营报，2008.

前进到最高排名第4位，北汽绅宝X25上市期间实现整车销量突破5000台。❶

在以往的营销活动中，受到诸多因素的制约，品牌的打造与产品的销售往往无法同步，这也是令诸多企业困惑的问题。而在今天的互动营销活动中，通过精心策划的方案，在互动媒体的作用下，企业完全可以将品牌的打造和产品的销售很好地结合起来。

二、互动营销的具体实施

（一）互动营销的策略

如同传统营销，互动营销的开展也必然基于一定的策略。例如内容策略、传播策略、体验策略、媒体选择策略等，但必然呈现与传统营销策略的差异性，才能更好地体现互动营销的优势。将传统营销的具体策略直接应用在互动营销之中往往难以取得好的效果。

在内容和传播策略方面，《新媒体环境下的奥迪 A4 allroad 上市互动营销策略研究》一文中就奥迪A4 allroad 的内容口碑策略、媒介传播策略进行了分析。提出了结合A4 allroad 品牌调性进行原生内容的定制、搭载冰雪IP，进行炒作。在传播策略方面，文章提出"论坛+自媒体+官微全平台联动引爆焦点事件"和"矩阵化报道将圈层价值转化为内容价值"的策略。❷ 在用户体验方面，开展冰雪试驾活动，让用户通过真实的用户体验更好地感受产品。在媒体选择策略方面，主要选择互动性较强的媒体形式进行了合作。在技术层面来看，廖卫红认为，企业在移动互联网环境下应该充分运用移动二维码、短信网址、移动搜索、移动商圈、无线网站、蓝牙互动等互动营销策略来直接激励消

---

❶ 百孚思传实互联网营销机构. 互动+口碑：北汽绅宝玩转H5游戏互动营销［J］. 声屏世界·广告人，2016.

❷ 沈琪. 新媒体环境下的奥迪 A4 allroad 上市互动营销策略研究［D］. 长春：吉林大学，2017.

费者购买产品或服务。❶ 在微博互动营销的策略方面，华东师范大学严优铃认为应该从品牌人格化、信息立体化、受众互动性❷几个方面去设计。

也有学者从互动营销和传统营销的结合来谈互动营销的策略。清华大学冯珂认为，在互动营销策略方面，应该将企业的线下产品推广策略与线上的互动营销相结合。❸ 此外他认为互动营销组合策略方面不应该大而化之，应该进行细化。冯珂认为，对不同类型的消费者应该实行不同的互动营销组合。例如，对于新进消费者，可以建立以网站为中心的基于"推"策略互动营销整合方法。而对于重复消费者的互动营销组合，则可以基于"拉"战略的互动营销整合：对重复消费者进行小众的商品与服务信息的发送，对重点客户进行一对一的邮件信息发送和需求调查、客户服务调查。通过社区与博客网站对重复消费者进行忠诚度的维护。❷ 与冯珂的观点类似，王奇君认为网络的互动营销也要注重与专柜联动的体验营销。欧莱雅2012年底和屈臣氏合作，在风靡日本的手机APP ibutterfly的中文版"i碟儿"中植入自己的产品信息。用户在生活中通过该软件可以捕捉到特别的欧莱雅蝴蝶，转换成优惠在专柜直接使用。❹

不同的学者基于自己的理解，对于互动营销的策略从不同的视角进行了分析，为本研究的深入开展打下了基础。

（二）互动营销存在的问题

许多文献中谈到，企业已意识到互动营销的重要性，并进行了积极的探索。但整体来看还存在许多问题。中国传媒大学王薇副教授认为，互动营销的一个优势是精准触达目标消费者。那么带来一个问题，如何看待或者处理精准和规模之间的关系。没有一定规模的精准，意义不太大。❺ 对于品牌来说，让

❶ 廖卫红. 移动互联网环境下互动营销策略对消费者行为影响实证研究［J］. 企业经济，2013.
❷ 严优铃. 基于微博平台的互动营销研究［D］. 上海：华东师范大学，2013.
❸ 冯珂. 中国中小企业 EC 战略中的在线互动营销方法研究［D］. 北京：清华大学，2004.
❹ 王奇君. 女性网民网络互动营销策略研究［D］. 上海：上海外国语大学，2014.
❺ 王薇. 互动营销观［J］. 广告大观·媒介，2012.

更多的人达成接触，即使这部分人目前不是我们的目标消费群也非常重要。王奇君认为，对于消费者的洞察不够，互动的形式单一，便利性上仍需改进，有时候为了互动而互动，战线太长，影响了购买行为的发生。❶上面的几个问题也普遍存在，尤其是在互动的形式上创新不大，有时为了互动而互动，并没有达成企业与消费者的充分沟通。

　　也有学者从基于特定平台上的互动营销进行分析，鄢海云认为，微博广告互动营销中存在传受关系单向化、互动营销内容缺乏创新设计、媒介形式过于单一等问题。❷黄海涛认为，微博互动营销存在的问题有：媒介利用方式单一、同质化现象加剧、营销内容设计不足、与受众关系过于单向等。❸

　　业界也有研究者总结了互动营销存在的问题。例如，抄得太不走心，不具备参与性；互动形式莫名其妙，不具备传播性；案例火，品牌不火，对品牌无助益等❹，这些问题的存在使得互动营销没有取得预期的效果。

　　无论是学界，还是业界，都在看到互动营销巨大优势的同时看到了互动营销存在的问题。这些问题必须引起足够的重视，否则企业开展的互动营销难以取得预期的效果，甚至由此来质疑互动营销的作用。

（三）互动营销的风险管理

　　互动营销具有如前所述的诸多优势，互动媒体给企业带来了很大便利的同时也使得企业营销传播变得难以控制。但是互动营销的开展也不是随意的，许多失败的案例表明要开展互动营销需要做好一系列的系统工作。

　　几位研究者对互动营销的风险进行了分析，并提出了自己的见解——如何更好地开展互动营销。例如，在《互动营销进入品牌时代 美国通用败走麦城

❶　王奇君. 女性网民网络互动营销策略研究［D］. 上海：上海外国语大学，2014.

❷　鄢海云. 从微博广告看互动营销的发展［J］. 东南传播，2016.

❸　黄海涛. 互动营销在微博广告中的应用［D］. 成都：西南交通大学，2012.

❹　玲玲Bairik. 别自嗨了，你可能做了个假的互动营销，http：//www. managershare. com/post/327351，2017.

启示录》一文中，作者从通用的失败案例中得到了三个启示：不容忽略的网络传播、善于运用"互动式营销"、如何让消费者参与进来。❶ 高胜宁在《从"KFC秒杀门"谈互动营销的风险管理》中，结合"KFC秒杀门"带来的负面影响，提出企业应该从如下几个方面加强对于风险的管理：进行企业网络营销可行性分析和评估、加大网络舆情监控及时了解企业相关舆情动态、互联网传播手段具备参考性但不具备可复制性、风险费用的投入要从效果出发。❷

2016年以来，视频直播平台成为互动营销的重要舞台。这一平台呈现与以往较大的不同性。栗建认为，视频直播平台是迄今为止互动性最强的媒介之一，虚拟礼物和弹幕评论让观众可以与播主实时互动，这也带来了新的挑战，直播中任何槽点都可能引发集体狂欢，这是水军无法引导的，也是品牌不能预见控制的。❸

通过以上可以看出，尽管互动营销有着诸多的优势，但是如果不好好把控互动营销背后的风险，给企业带来的破坏作用也相当大。因此，作为企业开展互动营销时，应该充分考虑其可能带来的风险，以防止品牌受到破坏。

（四）实施平台研究

1. 互动营销的主要平台是互联网

近年来大量的互动营销活动围绕互联网平台展开，互联网平台成为开展互动营销的主战场。许多学者认为互动营销要基于互联网的平台。王玉秀认为互动营销就是基于互联网提供的便利的平台，利用高度发达的信息技术强调企业和消费者间交互式交流的双向推动。❹ 管帅认为，互动营销是以现代互联网技术和现代通信技术的发展为基础，充分利用互联网络和通信网络等交互工具来开展的营销活动的总称。❺ 廖卫红认为，移动互联网环境下的互动营销是指企业以移动终端

---

❶　陈子文. 互动营销进入品牌时代［N］. 民营经济报，2007.

❷　http：//hlhw. blog. techweb. com. cn/archives/102

❸　栗建. 数字营销新疆界：直播开始了［J］. IT经理世界，2016.

❹　王玉秀. 互动营销——概念制造者的游戏［J］. 商场现代化，2005.

❺　管帅. 网络经济下企业的互动营销策略［J］. 科技经济市场，2008.

设备为载体，依托移动通信网络，并结合传统互联网来开展的互动营销活动。❶

　　一批学者强调互动营销需要基于互联网平台，主要是基于互联网在营销上的巨大价值。通过互联网平台开展营销活动，可以与用户之间开展实时营销，与用户之间进行实时的互动，由于用户会在互联网平台上表露自己的内心感受，因此，可以基于此深度挖掘消费者的内心需求，实现企业与消费者的共鸣。同时，通过互联网平台可以开展精准营销，与消费者之间进行一对一的沟通。基于如上几个原因，所以部分学者认为互动营销基于互联网平台。

　　2. 基于微博平台上的互动营销成为关注的重点

　　从营销的视角来看，微博的出现意义重大。微博营销成为一种重要的互动营销模式。我们看到大量在微博上开展互动营销的经典案例，因此关于微博平台上的互动营销的文献数量较多。例如具有代表性的文献有《互动营销在微博广告中的应用》《基于微博平台的互动营销研究》《微博广告互动营销之发展路径探索》《企业微博互动营销应用研究》《从微博广告看互动营销的发展》等。这些文献主要是研究互动营销在微博这一特殊平台上的具体应用。

　　此外，对于互动营销这一问题的研究，除了论文之外，还有部分关于互动营销类的研究专著、教材等。

　　笔者查阅到较早的关于互动营销的著作是《互动服务营销》。该书主要讲述服务人员与顾客的互动，讨论了顾客与技术设备的互动、顾客与顾客的互动，不仅讨论了服务组织与顾客的面对面互动，而且讨论了他们之间的远距离互动。❷ 同时该著作谈到，当前顾客对顾客体验的影响的研究相对较少，但是那些同时为大量顾客提供服务的服务组织，应对顾客间的互动予以考虑。不管是发生在顾客身上的不幸事件，还是随意的善举，都是既不可预测，又难以控

---

❶ 廖卫红. 移动互联网环境下互动营销策略对消费者行为影响实证研究［J］. 企业经济，2013.

❷ 雷蒙德·P. 菲斯克，史蒂芬·J. 格罗夫，乔比·约翰. 互动服务营销［M］. 张金成，等译. 北京：机械工业出版社，2001.

制的。❶ 事实上，在那个年代，顾客对顾客之间的影响基本上仍局限在他们之间的口碑传播上，操作起来具有一定的难度，对这方面的研究相对较少自然在情理之中。但是作者对这一问题的关注无疑是具有前瞻性的。

近年来还有一本和互动营销有关的研究为湖南大学莫梅锋副教授的《互动广告发展研究》，这本专著是从互动广告的视角进行研究，对互动广告的背景、传播模式、产业链条、机会和风险等问题进行了分析，也给本研究的撰写提供了许多的启发和借鉴。

此外，中国传媒大学广告学院王薇副教授的《互动营销案例100》系列也提供了近年来业界最鲜活的互动营销案例，对案例分门别类进行了详细的分析和整理，并进行了点评。此外加上五年的中国互动营销趋势论坛，也给本研究的撰写在史料的整理和框架的搭建方面打下了重要基础。

三、研究特征与不足

通过系统梳理关于"互动营销"的大量文献，本书对互动营销既有的研究形成了整体的认识，这些研究给本书提供了多方面的借鉴和启发，使得本书的撰写有了重要的研究基础。但是也有一些问题有待于进一步解决，成为本研究的出发点。

（一）研究特征

1. 从研究主题来看，整体较为分散

总体看来，对于互动营销的研究在研究主题方面比较分散。既有基本的理论，例如互动营销的界定、分类、优势等基本问题，也有对互动营销模式、互动营销策略、全面看待互动营销等多个方面的主题。整体来看，对于互动营销模式的研究和互动营销策略的研究占比相对较高。这主要是和近年来互动营销的蓬勃发展使得大量的互动营销的模式不断出现有重要关系。另外，许多企业已经认识

---

❶ 雷蒙德·P. 菲斯克，史蒂芬·J. 格罗夫，乔比·约翰. 互动服务营销 [M]. 张金成，等译. 北京：机械工业出版社，2001.

到了互动营销的优势，并积极进行了探索，企业急需在互动营销的策略上突破既有的框架，因此关于互动营销策略的研究也成为学者们关注的重点问题。

研究主题较为分散，实际上说明对于该问题的研究尚未达成共识。对于大部分营销、广告专业的教师而言，大部分人没有一线的从业经历，对于市场的变化反应不太敏感，或者由于是新事物，无法做出很好的判断。因此，只在一些表面的现象上反复讨论。

2. 从研究方法来看，描述性研究多，量化研究类文献少

通过笔者的检索，以"互动营销"为主题的文献数量较多。整体来看，关于互动营销的文章主要以描述性为主。谈现象的文章较多，多为企业开展互动营销的现象描述，例如，企业通过创新加入某些互动元素，使得用户的参与性大大提高。而通过现象去研究深层次的原因方面的文章则数量较少。有些文章主要是谈个人对于互动营销的基本认识，例如公司策划的一场互动营销活动的过程以及感受。整体来看，这类文章能够提供一些鲜活的个案，但是系统性不够，也缺乏深度，往往只是就某些表面现象进行描述，或者就问题谈问题。例如，有许多的文献将互动营销简单地等同于在传统的营销方式中加入简单的互动要素。这与互联网上以互动为主要特征的营销存在一定的差异。大量的文献资料并没有深入思考互动现象背后的内容。例如，关于消费者参与互动的动因、关于互动营销的策略思考这些根本性问题的探讨不够深入。

3. 从研究人员构成来看，企业在职人员占比最高

从研究人员的构成来看，企业在职人员占比最高，硕士研究生其次。企业在职人员较多地关心该议题自然和他们的工作实践有着密切的关系。近年来互动营销成为营销界的热门话题，许多企业、营销机构开展了互动营销的实践，有些取得了很好的营销效果，成为业界学习的对象。互动营销的策划者会结合自身的实践在一些垂直类的专业刊物上发表自己对这一话题的相关看法，或者借此宣传一下自己和企业。因此，企业在职人员对这一问题有着较高的关注度。

硕士研究生对于该问题的研究占比也相对较高，比较集中于吉林大学、上海外国语大学、暨南大学、华南理工大学的硕士研究生对互动营销的不同侧面展开了研究。大部分文献资料理论性较强，能够运用心理学、社会学、营销学等学科的基本理论对互动营销展开分析。并在分析的基础上提出了互动营销的相关策略。但是普遍存在的问题是研究的深度不够，仍有较大的空间可以提升。硕士研究生对这一问题的关注比较集中，主要是和硕士研究生走进企业了解企业近几年的营销实践有重要的关系，互动营销多方面的优势成为研究生们进行毕业论文撰写时重要的焦点。

相关的博士论文并未查阅到，另外，高校教师对于该研究领域的关注度也不够，文献数量较少。这说明学界的关注还没有跟上业界的发展，业界的研究走在了学界的前面。营销领域，业界领先于学界的状况短时间内不会改变。

4. 从研究机构来看，对于互动营销的研究呈现高度集中的状况

国内对于互动营销关注最多的学术机构为中国传媒大学广告学院主办的《媒介》杂志。其他的学术机构或者偶尔涉及，或者不太关注这一议题。梳理《媒介》杂志的成长史和广告学院的发展史，不难发现，该研究机构在做好理论研究的同时，积极与业界实践进行接轨，不是单纯地在书斋里做学问，而是做到理论与实践双轮驱动，紧密联系实践，近十年来可谓持续、深入地关注互动营销这一领域，并积累了一大批互动营销方面的学术成果。

（二）研究不足

1. 既有的文献资料在学术规范上需要提升

笔者搜集到的关于互动营销的文献主要以论文的形式出现，但实际上大部分研究并不是严格的学术论文，基于个人工作经历的感想类的文章占有相当的比例。这些文章往往没有对互动营销做出严格的界定，在很大程度上将互动营销的定义泛化，导致在文章中焦点不够集中，泛泛而谈的问题普遍存在。

2. 对于操作层面的研究相对较少

大量的文献资料在互动营销的基本问题上展开了反复讨论，例如定义、优势等，但是对于深层次的问题，例如互动营销的要素、模式、结构等，相关的文献资料却涉及较少。因此，整体来看，相关的研究多停留在互动营销的表层上，深层次的研究相对匮乏。

3. 对互动营销的研究文献较为独立

根据笔者在中国知网数据库的检索，关于互动营销的文献资料数量不少，但是绝大部分作者在这一领域的研究从数量来看，整体偏少，极少有作者或者机构长期持续关注这一领域。中国传媒大学广告学院《媒介》杂志研究所是为数不多的近年来持续关注互动营销这一领域的研究机构。不仅仅以互动营销作为选题，大篇幅报道互动营销的发展模式，还从2012年开始推出了《互动营销》专刊，分门别类对各种营销模式进行研究。此外，作为主办方，至今已经举办五届"中国互动营销发展论坛"，邀请企业、广告公司、互动媒体的专家们共同探讨互动营销的发展问题。每一届论坛上，都由上述三方的代表们就互动营销的最新实践进行分享，提供了大量的互动营销方面的鲜活案例，并在此基础上进行深度探讨，提出未来的走向以及策略。

整体来看，以上对于互动营销多方面的问题进行了研究，例如互动营销的模式、策略、管理等重要问题。但是对于互动营销一些根本性的问题，例如互动的动因、互动对于营销的改变、互动营销的机制问题等，并没有文献进行深入的探讨。因此，本书基于上述一系列的基本研究，在此基础上深入研究互动营销的核心问题。

第四节　理论支持

一、互动过程模式：集接收与传送于一身的受传者

互动过程模式，又称大众传播双循环模式，20世纪60年代后期由社会学家、传播学家德弗勒提出。这个模式指出，在闭路循环传播系统中，受传者既是信息的接收者，也是信息的传送者。❶ 显然，这一模式认为受传者和传送

❶ 董璐. 传播学核心理论与概念［M］. 北京：北京大学出版社，2016.

者的身份可以出现在同一个人身上。因此，互动过程模式的提出是一个巨大的进步。

实际上，这个理论也适用于网络传播时代，适用于"互动营销"过程之中。企业将信息传达到消费者，消费者并不是简单的接收者，消费者可以根据自己的需求随时与企业展开互动。同时，还可以与众多的其他的消费者展开互动。从这个意义上来讲，消费者并不总是被动的，还是互动营销过程中的积极营销者。因此，企业开展互动营销，不能延续既有的传统营销的思路，仅将信息简单地传递给消费者不能算作完成了自己的任务，而是要深刻洞察消费者的需求，提供其感兴趣的内容，让消费者接收到这一信息之后，帮助企业进行传播。这样不仅增强了营销的效果，同时由于消费者的介入令营销活动变得更加可信。

二、价值共创理论：消费者参与价值创造

传统的价值创造观点认为，企业是价值的创造者，价值是由企业创造通过交换传递给大众消费者，消费者不是价值的创造者，而是价值的使用者或消耗者。该观点下的价值是指交换价值，经济活动的目的是制造并分配商品来获得交换价值，价值等于购买者愿意支付的价格。

21世纪初，管理大师Prahalad提出企业未来的竞争将依赖于一种新的价值创造方法——以个体为中心，由消费者与企业共同创造价值❶，而价值共创理论认为：企业只是提出了价值主张，价值最终是由包括企业、顾客、员工、供应商、监管机构等多个利益相关方共同努力下创造出来的，各方在价值创造过程中从不同角度贡献自己的力量，价值高低取决于各方的努力和配合程度及体验情况，各方都会对顾客的价值体验产生直接或间接的影响。随着环境的变化，消费者的角色也发生了很大变化，消费者不再是单纯的购买者，而已经转

---

❶ 什么是价值共创? http://wiki.mbalib.com/wiki/%E4%BB%B7%E5%80%BC%E5%85%B1%E5%88%9B，2009-10-24.

变为企业价值创造的影响力量。目前，部分企业会鼓励消费者参与到产品的研发、设计等环节中去，以及鼓励消费者分享自己的使用感受以创造更好的消费体验，这些都说明价值不仅来源于生产者，而是建立在消费者参与的基础上，即来源于消费者与企业或其他利益相关者的共同创造，且价值最终是由消费者来决定的。❶

今天看来，企业或者品牌的价值不仅指的是其包含的使用价值，还包括在此基础上产生的体验价值、品牌价值。而这些价值显然不是由企业创造出来的，一定程度上来讲是企业和消费者共同创造出来的。而企业和消费者共同创造价值的过程一定是双方互动的过程。

三、马斯洛需求层次理论：在社会交往中体现价值

马斯洛需求层次理论强调需求的层次性，将人的需求按照水平从低到高依次分为生理需求、安全需求、社会的需求、爱与受尊重的需求、自我实现的需求。消费者与企业之间、消费者与消费者之间的互动与分享就其实质而言也是一种社会的交往活动。通过这种交往活动，可以将自己的需求传递给企业，或者将自己对于企业、产品的认识，使用经验等传递给其他人，这些都是对企业、他人有用的信息，成为企业改进工作、其他人了解企业的一个渠道。在以往，技术的限制使得这些宝贵的经验无法在消费者和企业之间、消费者和消费者之间进行自由地流动，而随着网络技术的发展以及各类电子终端的使用，消费者可以随时随地将自己的使用信息反馈给企业或者分享给更多的消费者，让自己在信息的交往与互动中体现自己的价值。

四、AISAS模式：分享成为新的营销活动起点

AISAS，是2007年由电通提出来的新的消费者行为模式，这一模式主要针

---

❶ 什么是价值共创？http：//wiki. mbalib. com/wiki/%E4%BB%B7%E5%80%BC%E5%85%B1%E5%88%9B，2009-10-24.

对网络环境下，消费者的消费行为的模式。AISAS理论主要是指"注意—兴趣—搜索—购买—分享"。与过去的AIDMA模式相比较，AISAS理论强调了网络时代的网上搜索行为和购物之后的分享行为，尤其是分享行为。这意味着，购买行为发生之后并不是整个流程的结束，消费者可能会将整个购物体验、产品进行分享，而这种分享则很容易引起新一轮的购买行为。依此类推，可能还有新的分享和购买行为的发生。

因此，作为企业，应该主动与消费者进行互动，设计好购物环节，增强购买体验，与消费者积极互动，让消费者积极地分享企业的信息。

第二章　互动、营销与互动营销

第一节　基本概念梳理

一、互动

（一）概念界定

"互动"这一概念早已有之，在今天，互动成为人们日常用语中使用率极高的一个词语。许多领域都会用到"互动"这个词语，可以说这一词语使用过于泛化，在许多方面进行大而化之的运用。笔者查询了文献中对于"互动"这一概念的界定，进行了如下梳理。

《朗文当代英语词典》（第四版）中，对"互动"的解释如下：

①两个或两个以上的事物间相互作用；

②与他人交谈、工作等活动。❶

第一个解释是说"互动"是两个或者两个以上事物之间的相互性。第二个解释从人的视角出发，认为"互动"是人和人之间的交谈、工作等活动。上述两个解释，一个从物的视角出发，一个从人的视角出发，这说明，互动是两个或两个以上主体之间的相互作用。

---

❶ 曹慎慎. 互动与融合：全球化视野下的中国电视与网络媒体［M］. 北京：中国社会科学出版社，2015.

2009年8月，由上海辞书出版社出版、辞海编辑委员会编辑的第六版《辞海》中认为，"互"是交互、互相的意思，"动"是改变原来的位置和状态。进行合译，"互动"可以理解为互相改变对方。当然，改变的不一定是物理概念上的位置，还有可能改变双方的认知、态度、情感等。

《牛津词典》认为，"互动"是至少两个人或物一起活动或相互合作或相互影响和作用。这一概念与《朗文当代英语词典》中的解释类似，也是强调了互动是双方以及二者之间的互相作用。

从抽象层面来看，"互动"是发生在两者之间的行为或者行为的可能[1]，将两者命名为甲方、乙方，互动就是甲方对乙方发生作用，乙方受到甲方的作用后，再对甲方产生作用。具体来说，互动的主体包括人或物，如个人、企业、媒体、政府、社会上其他组织等，互动主体的数目必须两个或者两个以上。互动主体必须是双方之间的"相互作用"，传者一方信息向另一方的单向流动不能形成互动，只有接收者接收到信息后对信息形成反馈，并将反馈信息传给传者才是真正的互动。

可见，所谓互动，是发生在两个主体之间的一种双向的行为。一方向另一方发出动作或者指令，而另一方在这种动作或者指令的作用下做出反馈，将信息回传给传播者。在互动过程中，传播者和接收者之间往往会有多次的信息循环。互动的核心是信息的传递与反馈。

（二）不同时期的"互动"

以上是关于对互动概念的界定。实际上，人和人之间的传播与沟通，少不了媒介的作用。人类传播行为的演进过程，也是传播媒介的发展过程。人类的传播行为由来已久，人类社会诞生后就有了传播行为，随着人类社会的发展，传播行为也在向前不停推进。从古老的岩石壁画、吆喝这些原始的形式开始到今天的互联网时代，人类的传播媒介一直处于不停的变化过程之中。

在不同的历史时期，互动有着不同的形式，呈现不同的特点。从历史的发

---

[1] 廖亮. 电视"互动"观念初探［J］. 现代传播，2002.

展视角来看，可以将人类的传播活动分为五个时代，分别是语言传播时代、文字传播时代、印刷传播时代、电子传播时代、信息传播时代。无论哪个时代，互动的两个核心要素是传播者和接收者。在不同的时期，传播者和接收者之间的互动形式会体现出不同的特点。

作为第一个时代的语言传播时代，语言是一种把声音和事物联系起来的符号，以此将传播者和接收者联系起来。在这个时代，传播者和接收者之间的互动极为简单，基本上是在同一个环境下，进行面对面、近距离的语言或者肢体交流，互动的水平比较低，规模不大。整体来看，受到多种因素的制约，这一时期的互动是低层次、小规模的。

进入文字传播时代，在既有的基础上，传播者和接收者的互动实现了突破。具体表现为，从空间的角度来看，二者之间的互动可以突破一定的空间限制，传播者和接收者可以不是面对面的互动，而通过借助文字这种工具进行跨空间的互动。从时间的角度来看，借助文字的力量，传播者和接收者可以不在同一时间下进行交流，甚至跨越较长的时间进行互动。由于文字这种新介质的出现，这一时期的传播者和接收者之间的互动无论在时间还是在空间上都有了较大突破。

进入印刷传播时代，这一时期一个重要的特点是传播者可以大批量地生产信息，这样就可以在同一个时间内将信息传达到多个地域的接收者，扩大了互动的范围，提升了互动效率问题，这是一个很大的突破。处于不同时间、不同地域的受众可以更加自由、灵活地与传播者之间通过信息进行互动。这一时期互动的重要特点是互动的范围迅速扩大，突破了地域限制，互动的效率得到提升。

随着电子传播时代的到来，传播者和接收者之间的互动方式发生了大的改变。这一时期，传播者和接收者之间的互动工具增多，例如电话、电报，传播者和接收者之间互动的效率大大增加，互动变得更加多样，双方之间可以借助一定的终端设备实现类似于语言传播时代的互动，这一时期互动以大量的非面对面的场景出现。传者可以以更快的速度、更广的范围、更高的频率、实时地进行信息的传递，而作为接收者也会进行实时的信息反馈，互动的效率进一步得到提升。

进入网络传播时代，随着网络技术的发展和各类终端的普及，传播者和接收者更多地以在线的方式进行互动，传播者和接收者之间的即时在线互动成为常态。二者之间的互动变得更加实时、高效、高频。传播者的信息发送完全可以基于接收者的信息接收情况进行有针对性的信息传播。这一时期，互动的工具变得极大丰富，各类即时通信软件成为互动的重要载体。传播者和接收者之间可以通过搜索、社交、电商、视频等多种方式展开互动。这一时期的传播，与我们现实中的人与人之间的面对面的传播极为类似，但是该时期进一步地提升了互动的范围和规模。

基于互联网上的互动与以往的互动表现出了很大的差异，有了极大的提升。具体主要体现在以下方面。

从时间来看，传播者与接收者的互动几乎完全没有时间限制，传播者和接收者之间几乎可以在任何时间进行互动。基于自有终端，尽管可能身处异地，传播者与接收者之间的互动完全可以做到实时进行。从空间上来看，由于网络技术的发展，以往的空间阻碍已经不是问题，通过媒体终端，传播者和接收者之间可以进行互动，并且如同处于同一环境下的语言对话。"天涯若比邻"已经成为现实，互动的范围空前扩大。从互动的效率来看，基于各种在线的互动，传播者和接收者之间如同面对面交流互动，可以随时根据对方的反应来调整自己的策略、内容，传播者和接收者之间可以进行多次的互动循环过程，这些互动完全可以是实时的，从而大大提升了互动的效率问题。从互动的频率来看，技术的进步使得传播者和接收者之间的互动频率变得更高。在以往，传播者和接收者之间进行面对面的互动是互动的重要场景。而在互联网环境下，传播者和接收者不在同一个地点，但是通过手持的终端设备，完全可以进行高频率的互动，这甚至成为一种重要的沟通方式。从互动的形式来看，基于互联网上的互动形式变得多元且丰富。传播者发出的信息，接收者可以实现与其即时的互动，这种互动包括多种形式，例如社交类网站上的点赞、转发、评论、回复等，电商类网站上的在线咨询、加入购物车、实施购买等，直播平台上的实时弹幕评论、虚拟礼物赠送、打赏。通过这些多种多样的形式，接收者的自由度大大提升，自己的声音也可以及时传递给传播者。传播者会根据接收者的反应进行进一步针对性传播，二者的互动形成一个闭环。从互动的工具来看，互联网时代提供了大量的互动工具，例如社区、微博、微信等。用户会像在传统媒体上那样在社区、微博、微信上进行信息的接收，但是与以往不同的是，这些互动工具让用户在信息的接收之后做出反应。传统媒体时代，用户在接收信息后往往只是在心理上发生一定程度的改变。而借助互联网时代的这些新的互动工具，用户会在心理发生变化的基础上推进一步，将自己的心理变化通过上述工具表达出来，这与以往具有很大的不同。

另外，这个阶段除了人和人之间的互动之外，随着技术的发展，人和机器的互动也逐渐引起了关注。例如，人机互动当前由人的身体与机器的互动向人的意念与机器的互动转移。目前的人机互动主要是人的身体的某个部位与电脑的互动，例如，用手指敲击键盘，电脑会按照指令做出某些行为，来回应人的想法。再如，我们通过发出语言来对机器发出指令，机器通过识别我们的语言做出反应。人的意念也可以与机器展开互动。有一些互动通过人的身体已经无法达成，此时，技术往往在互动中起到越来越重要的作用，人们通过技术来实现与事物的互动。例如，《必然》中谈到，思维可以与技术互动，一次进入大脑的实验证明，一个四肢瘫痪的女人可用自己的思维控制一条机械手臂，捡起一个咖啡瓶，喝瓶中的东西。❶

未来的互动则可能是在现有互动的基础上持续升级，例如人的思维、思想、意念来和机器进行互动。当某一个想法发生时，机器会按照人的意思做出某些反应，这基本上是同步进行的。

综上可见，互动并不是一个新事物，可以说从人类社会诞生以来就有了人和人之间的互动。但是随着时代的发展，互动的形式不断发生变化，不同的时代呈现不同的特点。其中，一个重要的变化趋势就是，随着技术的推动，互动

---

❶ 凯文·凯利. 必然［M］. 北京：电子工业出版社，2016.

逐渐突破了时间、空间的限制，变得实时、高效、高频、智能，互动的形式也更加多元。

（三）不同学科视角下的"互动"

随着实践的发展，互动这一概念广泛应用于社会学、传播学、营销学等多个学科，在不同的学科背景下，互动的含义表现出较大的区别，即使在同一学科背景下，对于这一概念的界定也会随着时间的演进、学者关注的视角而呈现不同的特点。以下从传播学、社会学、营销学三个专业领域对于这一概念进行梳理。

1. **社会学**

（1）国内

"互"是交替，相互；"动"，是指发生变化。归纳起来"互动"就是指一种相互使彼此发生作用或变化的过程。日常中的互动是指社会上个人与个人之间、群体与群体之间等通过语言或其他手段传播信息而发生的相互依赖性行为的过程。

以下是笔者查询到的社会学方面关于互动的界定。

北京大学胡泳教授认为，某种直接行动会带来即刻的后果，也就是即时的反馈。这是建立在交换之上的，即存在某种"传—受"关系。如果这样的关系是双向的，我们就可以称其为"互动"。它的一个基本模式是"输入—反馈—输出"。❶

湖南大学莫梅锋副教授认为互动是发生在人与人之间的信息与情感的交流，是人类生命的本质体现。❷

公众号营销传播研究认为社会学中的互动代表人际传播，包括人与人之间的面对面传播或借助技术工具的"面对面"传播。❸

可见，社会学上对互动的界定主要有以下几个核心要素。第一，互动至少

---

❶ 胡泳. 互动的背后是个人的自主［N］. 光明日报，2014.

❷ 莫梅锋. 互动广告发展研究［M］. 北京：新华出版社，2012.

❸ 引自公众号"营销传播研究"经典广告理论系列（五）：互动性（Interactivity）（上）.

存在两方，双方既可以是个人，也可以是群体。可以是个人和个人的互动，可以是个人和群体的互动，也可以是群体和群体的互动。第二，双方的互动需要借助一定的手段。第三，互动双方之间存在传受关系，传播者和接收者之间的关系并不固定，而是可以迅速转换。例如在互动过程中，传播者可以迅速转换为接收者，而接收者也可以迅速转换为传播者，双方之间身份的不停转换促使互动持续进行。

（2）国外

笔者查阅到的国外具有代表性的定义有：斯特尔（Steuer）认为，互动有两个最主要的定义方法，人际互动和人信互动[1]；凯奥（Cho）和莱肯比（Leckenby）将互动划分为三类——人机互动、用户与用户、用户与信息[2]。这两个定义的共同点是对概念进行描述，界定了概念的外延，但是并没有解释互动的本质。

诺曼·K.邓金认为互动是象征性地接受另一方的视角，并按这一视角采取行动，互动总是自然发生的。[3]

通过对文献的梳理发现，国内对于"互动"的研究主要是集中于人与人之间的双向性。相比国内，国外研究的范围则更广，例如人与机器、用户与信息的互动也在其研究范围之内。

2. *传播学*

以下是相关学者在传播学领域对"互动"这一概念的界定。

陈刚谈到，"网络传播的互动性是一种更高程度的回归，它既具有人际传播的直接性的特点，又具有大众传播的广泛性的特点，提供了一种全球范围直接交往的可能性"[4]。

---

[1] 杜骏飞. 中国网络广告考察报告［M］. 北京：社会科学文献出版社，2007.

[2] 魏川. 基于微博的企业家个人品牌策略研究［D］. 武汉：华中科技大学，2011.

[3] 诺曼·K.邓金.《解释互动论》［M］. 周勇，译. 重庆：重庆大学出版社，2009.

[4] 陈刚. 网络时代的广告理念［N］. 中华新闻报，2004.

莫梅锋认为，"互动"应用的范围从人际传播领域到新媒体领域。❶

公众号营销传播研究认为，传播学早期对互动性的研究是在大众媒体的背景下展开的，既包括人际视角，又包括人机视角。❷

拉弗利（Rafaeli）强调互动反映的是一系列信息的关联程度，尤其是前后两种相邻信息的关联程度。❸

德弗勒（Defleur）提出互动是指带有某些人际交流特征的传播过程。❸

菲德勒（Fiedler）认为互动是在计算机中介系统内由用户控制的信息交换活动。❸

以上可见，国内的学者对"互动"界定如同上述社会学领域国外学者对"互动"的界定，以归纳概念的外延为主，并没有从本质上对这一概念进行界定。国外对概念的界定主要是强调了传受双方信息的交流，而对于外延的关注较少。

3. 营销学

营销领域的专家学者也结合营销领域的特点对互动的概念进行了探讨。以下是笔者查询到的营销领域对于互动概念的界定。

莫梅锋认为互动的本质就是营销交易双方和广告信息传受双方的交换关系。❶

周长宏将广告的互动性定义为，人们通过与广告信息和广告主互动的形式对广告活动的参与程度。❹

科特勒提出互动是企业员工为消费者服务的技能，是一种价值让渡的方式。❺

---

❶ 莫梅锋. 互动广告发展研究［M］. 北京：新华出版社，2012.

❷ 引自公众号"营销传播研究"经典广告理论系列（五）：互动性（Interactivity）（上）.

❸ 曹慎慎. 互动与融合：全球化视野下的中国电视与网络媒体［M］. 北京：中国社会科学出版社，2015.

❹ 杜骏飞. 中国网络广告考察报告［M］. 北京：社会科学文献出版社，2007.

❺ Philip Kotler，（2002），Marketing Management，11th edition，Prentice-Hall，p. 451.

莱肯比（Leckenby）和李海容提出互动是允许消费者参与到根据自己的需要和喜好控制广告信息的内容、形式和呈现顺序的过程中去的一种机制。❶

科特勒和莱肯比的观点都论述了消费者的地位，但是科特勒将互动简单等同于员工为消费者服务的技能，没有看到消费者的主观能动性，而莱肯比的观点在此方面则重点突出了消费者的地位。

以上是社会学、传播学、营销学领域的国内外学者们对于互动概念的界定。虽然诸位学者们的研究视角、研究重点存在差异。但是整体来看，对于互动的理解主要基于以下几点：互动至少存在两方，单纯一方无法形成互动；互动需要借助一定的手段；互动双方彼此之间会产生互相作用；互动会产生一定的影响。

总体来看，谈到互动，我们往往认为是人和人之间的一种互相作用关系。其实互动的外延非常广泛，包括人和人、人和信息、人和机器、人和商品、人和企业等多个主体之间的相互作用、相互影响，甲方对乙方产生作用，乙方再反作用于甲方。就互动的内涵来说，它是双方之间基于某种规范、利益、兴趣、情感等而展开的一方作用于另一方，另一方再反作用回来的一种关系。这种关系可以涉及双方之间的心理、情感、行为等多个方面，可以传递信息、情感或者行为。双方之间的互动大多数情况下不是一个回合，而是在一次互动的基础上将双方的互动关系继续往前推进。通过互动，作为互动的主体彼此之间会更加了解、关系上更加巩固。

二、营销

（一）营销概念的变迁

营销这一概念起源于美国，国内外学者对于营销这一概念结合自己的理解从不同的角度进行界定，关于营销的概念数量繁多，笔者在此引用了美国营销

---

❶ 莫梅锋. 互动广告发展研究［M］. 北京：新华出版社，2012.

协会在不同时期对于营销概念的界定。

1935年，营销是一种商业活动的表现，通过这种活动，把物品和服务流从产品传递给消费者。❶ 这一时期反映的是"过程营销观"，这一概念主要强调了卖方的行为，而没有考虑消费者，或者将消费者看作被动的接收者，整体来看，概念的界定较为宏观。显然，这一时期的营销基本上是从卖者到买者单向的行为，营销双方之间基本上无互动。

1985年，营销是计划和执行关于商品、服务和创意的观念、定价、促销和分销，以创造符合个人和组织目标的交换的一种过程。❷ 这一时期的营销概念在内涵上更加细化，基本上包括了4P理论的核心。这一概念还提出了"交换"这一关键词，显然，交换是双方而不是单方的事情。交换的客体除了商品和服务外，还有创意，这是一个大的创新。总体来看，这一时期的营销概念依然是从企业的视角出发来进行分析，消费者的地位依然没有得到重视。

2004年，营销是一种组织职能以及一系列创造、沟通、传递顾客价值，并以使组织和利害关系者共同受益的方式管理顾客关系的过程。❸ 这一概念突破了以往的产品销售或者交换的视角，从价值的创造与传播和顾客关系管理的角度来进行分析，这与以往是一个很大的不同。此外，这一时期的概念引入了"利害相关者"概念，扩大了营销应该关注对象的范围，不再局限于原来的生产者或组织，这也是一个很大的突破。这一时期营销概念的特点是强调了消费者的视角以及企业与顾客的互动，概念中谈到的沟通顾客价值的过程必然涉及与顾客的互动问题。

2007年，市场营销是在创造、沟通、传播和交换产品中，为顾客、客户、

---

❶ 初广志. 整合营销传播概论 [M]. 北京：高等教育出版社，2014.

❷ 菲利普·科特勒. 营销管理 [M]. 11版. 梅清豪，译. 上海：上海人民出版社，2003.

❸ American Marketing Association（2004），Dictionary of Marketing Term，www.marketingpower. com.

合作伙伴以及整个社会带来价值的一系列活动、过程和体系。❶ 从这一概念来看，此时的营销影响范围更加广泛且明确，除了顾客之外，还涉及整个产业链条上的多个环节。这一概念继续强调营销的价值创造与传递的作用。这一过程自然也是与众多的主体进行互动的过程。

以上是不同的历史时期，美国营销协会对于营销概念的界定。从不同时期的美国营销协会对于营销定义的演变来看，笔者发现有以下几个变化趋势。第一，买方的市场地位在逐渐提高，卖方越来越重视买方。在以往，卖方也强调买方的地位，并且提出了类似"以消费者为中心"这样的口号，但更多的时候停留在口号的层面，而随着时间的演进，卖方对于买方的理解到了新的高度。第二，作为企业逐渐重视与消费者长期关系的构建，而不是一次性的销售或者简单地将产品卖给消费者。第三，营销在企业运营中的地位上升，从最初的解决销售问题到顾客关系管理到价值的创造，营销的作用在发生着变化。整体来看，随着时代的发展，营销这一概念逐渐从商业领域进入更多非商业领域。到今天，营销已经成为一种思想、一种观念渗透在多个不同的领域。

上述概念的界定基于特定时代的营销环境，而厘清概念对于指导当时的营销实践也意义重大。但是，我们看到，从近年来的营销实践来看，随着环境的变化，尤其是互联网时代的到来，上述关于营销的界定已经不能充分反映迅速发展的营销实践。显然基于过去的界定难以解决当前营销中的新问题，关于对营销应该进行重新定义的说法也频频出现。许多的专家学者结合营销实践对新环境下的营销进行了探索。例如，中国传媒大学和国家广告研究院联合研究发布的《互联网下半场营销变革与趋势探索——新营销白皮书》中提出了"新营销"这一概念。这是近年来基于新环境下对于营销概念界定的重新思考，具体内容如下：所谓新营销，就是以消费者为中心，以触发情感共鸣的内容运作为原动力；通过智能标签算法，精准匹配商品、营销物料、消费者场景需求，

---

❶ http://amachina.org.cn/content.aspx?info-lb=17&flag=2.

进行全网域信息分发；同时建立有效的销售承接机制，对销售促进相关的资源要素整合利用，实现商品同步流通与转化，从而提升企业经营效率的营销体系。❶

这一概念具有如下特点。

强调了优质内容在营销中的带动作用。传统营销模式往往通过大笔预算、媒体轰炸将品牌植入消费者的脑海，从而成为"名牌"，这种方式在过去一段时间效果极为明显，但是在今天越来越不合时宜。媒体数量的剧增，消费者呈现碎片化，消费者可以自由地决定接触什么信息、屏蔽哪些信息。近年来，通过优质内容进行内容营销的案例显示了这种营销方式的爆发力和重要性，并不需要多大的营销预算，而是在内容上下功夫，打动消费者，让消费者产生共鸣，消费者会将信息进行自发的传播与扩散，这种方式已经成为一种重要的营销思路。近年来营销领域言及的内容营销、原生营销就是典型的代表。

强调了营销过程中精准的重要性。与传统的广播式的营销方式相比较，当前的营销方式已经实现了较高程度的精准性。这样就可以让企业的信息以更精准的方式进行传播，甚至可以实现与用户一对一的沟通，在一定程度上提升营销的效果，这是对既有的广播式营销的补充与升级。技术的发展对于精准营销的开展意义重大。基于多种算法，营销人员可以将相关的信息主动找到需要此类信息的个体，而不是像以往那样将信息集中推送给大众。

强调了营销会带来销售结果。与以往学者们界定不同的是，这一概念尤其强调了销售的转化问题。以往的概念往往从过程的角度来对营销进行界定，由于营销和销售是分离的，从营销到销售包括多个环节，因此无法明确营销能够带来多大的销售效果。这一概念不仅阐述了过程，而且突出了营销带来的即时销售效果，这是与以往概念很大的不同。在以往，大规模的销售会建立在知名度的基础上。而通过互动营销，完全可以将知名度的构建和品牌的销售合二为

---

❶ 中国传媒大学广告学院、国家广告研究院联合发布《互联网下半场营销变革与趋势探索——新营销白皮书》.

一。这也是当前企业较为关注的问题。

综上，随着时代的发展和环境的变化，营销的概念也在经历着变化，具体体现在营销的内涵以及在企业中的地位和作用也在发生改变。结合当前的营销环境来说，本书认为中国传媒大学广告学院和国家广告研究院对于营销概念的界定最能够反映当前的营销实践。

（二）不同阶段营销中的"互动"及特点

大众媒介的出现在媒介发展史上具有重要的意义，它对企业的营销行为发生了重要的影响。进入互联网时代后，互联网又使得企业的营销行为有了质的飞跃，是对传统营销的升级。基于此，我们将大众媒介和网络媒介的出现作为时间划分的重要坐标，将营销分为三个不同的阶段：大众媒介出现之前的营销行为，大众媒介出现到网络媒介出现之前的营销行为，网络媒介出现之后的营销行为，依此来分析不同阶段的营销行为中的互动。

1. 大众媒介出现之前营销中的"互动"

大众媒介出现之前，商家通过叫卖、实物、招牌等不同的方式向买方开展售卖活动。这一阶段还不能称为严格意义上的营销活动，而是一种典型的推销行为。产品生产出来之后，限于地理上的限制，为了让买方了解卖方的情况，通过上述的叫卖、实物、招牌等方式，将所卖之物与买方联系起来。这时候的叫卖、实物、招牌等形式主要起到了告知的作用。卖方通过这些不同的方式，将信息传递后，买方知晓了这一信息，或者购买，或者不购买。各种传播手段的作用已经发挥完毕。如果经过者没有购买需求，则这则信息对他就没有实际意义。而经过者如果感兴趣，则可以与卖方进行语言上的交流与沟通，这时进行的就是面对面的互动沟通。买者通过这种方式，或者直接购买，或者进一步了解所售物品的相关内容。

因此，大众媒介出现之前，大部分既有的传播方式无法做到买方和卖方的互动，而是靠其告知的作用对信息进行传播，然后进行面对面的沟通。少数方式可以实现卖者和买者的互动，例如吆喝这种形式。整体来看，这一时期的互动是小范围的、面对面的、低效率的。

2. 大众媒介出现后营销中的"互动"

大众媒介出现之后，一般就是指报纸、杂志、电视、广播等业内公认的传统媒介。其基本功能是以不同的形式进行信息的传递，或者传递一种产品的信息，或者传递一种生活方式，或者传递一种消费观念。这一时期大众媒介和之前的媒介形式相比，表现出极大的不同。首先，大众传播媒介对于空间的限制是一种突破，它改变了过去媒介形式下面对面沟通的状态，空间的突破必然带来更大的市场，这对于卖方扩大销售区域，向更大的范围传播信息具有重要意义。其次，除了上述的信息告知外，大众媒介对于企业的品牌价值产生积极的影响。基于媒介传播上的品牌价值对于消费者的信心意义重大。消费者会基于大众媒介上的传播，形成对于品牌的特定认知，并在此基础上形成一定的价值判断。最后，上述大众媒介的出现，使得依靠这些媒介形式进行一定程度上的互动成为可能。例如，买方在大众媒体上看到商家信息后可以与卖方之间进行互动。

这一时期的互动具有如下特点。一是，借助一定的手段，例如电话、书信等形式进行沟通，可以实现远距离的互动，这是与上一个时期同一时间、同一地点的面对面互动一个重要的不同。二是，互动具有一定的滞后性，买方在大众媒介看到卖方的信息后，到产生互动的需求，再到主动沟通卖方，卖方进行反馈，这个过程有一定的时间差。因此，二者之间的互动是不同步的，处在不同的时间段。三是，买方的主动沟通有可能被卖方所忽视，例如买方提出的要求，由于主客观方面的原因，卖方可能会忽视，买方并没有达到自己的目的，二者之间的互动会因一方的不配合而中止。四是，整个互动过程处于一种相对封闭的状态。从互动的全过程来看，只有买方和卖方，在买方和卖方之间的互动是二者之间的行为，无论二者之间的互动最后达成什么样的结果，基本上仅仅对二者有一定的影响，而不会对其他人产生影响。大众媒介环境下的互动拉近了卖方和买方之间的距离，和大众媒介出现之前相比较，二者之间互动在频率方面得到了很大的提高。这一时期面对面的互动依旧存在，但更多地被通过媒介进行远距离的互动所代替。

整体来看，这一时期的互动和前一个时期相比，有了很大的突破。但是由于大众传播是单向的、广播式的传播方式，限于互动方式的制约，这一时期的互动是有限的。

3. 互联网时代下营销中的"互动"

进入互联网时代，营销工具的升级带来了更大的变化。互联网是综合性媒介，很好地融合了大众传播和人际传播的优点，既有大众传播广泛性的特点，又有人际传播针对性强的特点，涵盖了大众媒介产生前后的互动方式。同时，这一时期的互动又呈现了新的特点。

与大众媒体环境下的互动不同，互联网环境下买方和卖方二者之间的互动是在一种高度开放的环境下进行的。卖方和买方之间的互动不同于大众媒介环境下的互动，是可以随时让其他的行为主体感知到的互动。例如，消费者在进行网上购物时，会主动参考所选商品既有客户的相关评价，并将评价作为自己进行产品选购的重要标准。理论上来讲，既有用户的相关评价是可以永久性留存的，这样就使得后来的消费者将会根据以前消费者的评论来作为购物与否的重要依据。基于此，作为卖方就会非常重视与买方之间的互动，而不会像大众媒体时代封闭的状态下可以忽略掉消费者的问题、建议，较为随意地中止互动，大众媒体时代即使忽略掉一般也不会对企业产生太大的影响。在某种程度上来讲，大众媒体环境下，广告是展示产品的重要窗口，即使大众对广告反感，如果该产品在大脑中占有一席之地，有时候也并不妨碍产品的销售。而在互联网环境下，评论成为展示产品的重要窗口，消费者在看到不好的购物评论后，往往会三思而后行。因此，互联网环境下的互动本身就是一种可以产生重要商业价值的行为，作为卖方不得不重视与买方之间的互动。

互动中，消费者主动性上升有如下原因：一方面，消费者的参与意识在增强，需要表达自己的观点、见解、使用体验；另一方面，互联网的发展和智能终端的普及为消费者提供了更好的机会或平台，消费者被赋能。

这一时期的互动完全可由消费者进行发起，在大众媒介产生之前，互动的前提是商家通过一定的手段告知消费者，消费者在此基础上和商家进行互动。大众媒介产生之后，商家依然是互动的发起者，这一时期的重要特点是可以达到更广的范围，可以与更多的顾客进行互动。而在互联网时代，互动的发起者可以是商家，也可以是消费者，消费者成为重要的互动主体。任何一个消费者，不论是网络大V，还是平民百姓，都可以主动发起互动，任何一次互动，都有可能成为影响企业发展的重要力量。因此，对于由用户发起的互动，企业应该高度重视，并与用户之间展开良性互动。

三、互动营销

（一）国内

对于互动营销，许多专家学者结合自己的理解给出了不同的定义。例如，以下是几个具有代表性的界定。

2007年，叶茂中提出，互动营销是以新技术为平台，以消费者的需求为中心，能够与消费者进行互动的一种全新的营销模式。❶ 这一概念强调了新技术的重要作用以及消费者需求在互动营销中的地位。但这一概念的界定实际上没有实质性的突破。

2010年，喻国明认为，互动营销，是指在营销中对受众的意见进行高度重视，并在产品的规划和设计中体现出来，以便进行市场活动。通过受众的实际需求来促进供需双方之间的相互理解，采用换位思考的方法来审视生产和销售行为。❷ 这一概念认为要重视受众的意见，依此作为指导企业行为的指南，让生产经营活动更加有针对性。

2013年，陈培爱认为，互动营销，顾名思义就是基于互联网基础上在营销中的相互沟通、相互反馈、相互满足的一场营销革命。目前，不少企业或赛事已经通过互联网、手机等平台直接跟客户、消费者进行互动，把握客户需求，

---

❶ 叶茂中．互动时代已经到来（下）［J］．广告导报，2007．
❷ 喻国明．微博价值：核心功能、延伸功能与附加功能［J］．新闻与写作，2010．

许多企业整合了网络营销手段和最传统的营销工具，实现传统营销的变革。❶
这一概念认为互动营销主要是基于当前的互联网平台，并具有传统营销无法拥
有的优势。

2012年，周艳认为互动营销是基于数字新媒体基础上的一种平台化营销。
这个平台化营销提供参与各方，就是平台运营方、企业与企业、企业与社会、
企业与消费者、消费者与消费者之间，各种角色之间的基于对消费信息的挖
掘、满足、分享和交流，甚至最后发生直接的商品交易，产生买卖的行为，因
此称之为"互动营销"。❷

从以上业界专家或者学者的界定我们可以看出，对"互动营销"这一概念
的界定，研究主要集中于两个方面：一是需要依托一定的技术平台，二是消费
者的作用受到了重视。周艳教授的观点实现了突破，在对这一概念的界定中，
周艳教授认为互动营销的参与主体及其互动不仅仅是企业、消费者以及二者之
间的互动，还包括企业与平台、企业与社会、消费者与消费者等之间的互动。

（二）国外

最早提出互动营销的文献是戴顿. 杰（Deighton， J. A）在1996年发表的
《互动营销的未来》（*The Future of Interactive Marketing*），文中谈到"互动营
销是发生在营销领域的一种演变趋势，即营销正在从以促成交易为目的的工作
向与消费者实现对话、沟通转变"。❷ 此后，不断有学者对互动营销的概念进
行丰富。主要有以下两类代表性的定义。

1. 强调企业员工和消费者之间的关系

互动营销的主体虽然众多，但核心是企业和消费者。消费者接触企业，一
个主要的渠道是企业员工。因此，员工和消费者的互动成为重要一环。研究互
动营销中企业员工和消费者之间的关系成为文献中的重要组成部分。代表性的
有瓦拉利·A. 蔡特哈姆尔（Valarie A. Zeithaml）将服务营销中的底边称为互

---

❶ 陈培爱. 互动营销推动传统营销变革［J］. 市场瞭望，2013.

❷ 周艳. 新变化、新趋势、新机遇［J］. 互动营销专刊，2012.

动营销，互动营销强调的是雇员和顾客之间的关系。❶ 菲利普·科特勒在2002年认为互动营销是企业员工服务消费者的技能，是相对于内部营销和外部营销的一个概念。❷ 显然，这两个概念具有共同之处，都强调作为企业内部的员工与外部的消费者之间的密切关系，二者之间是服务与被服务的关系。菲利普·科特勒在2009年第十三版《营销管理》中对互动营销下的定义为："通过在线的一些活动或项目，促进顾客及可能的顾客间直接或间接地交流，以增加品牌知名度、改善印象、促进产品和服务的销售。"❸ 这一定义主要是从顾客和顾客在网络上进行交流的视角来进行分析，与2002年的定义相比，这一定义还增加了互动营销的作用。

也有概念强调了作为外部消费者的重要地位。例如，路易斯·E. 布恩在《当代市场营销学》提出，互动营销是指买方控制从营销人员处获得信息的种类和数量的卖方和买方之间的沟通。❹ 这一概念强调了买方和卖方进行沟通中买方的地位。

2. **强调借助一定的技术手段**

互动营销的开展与技术的发展密不可分。

澳大利亚Martin William认为"九十年代，互动营销—— 一个无缝的全面整合的营销技术，并应用最新的技术传递连续的产品信息和接受反馈，这种营销技术包括销售促进（Sales promotion）和直接营销（Direct marketing）。"❺

Jay Sang Ryu认为，互动营销是消费者和企业之间通过一定的移动媒体设备进行的互动传播。这一概念在2013年提出，显然，提出这一概念主要是基于迅

❶ 瓦拉利·A. 蔡特哈姆尔. 服务市场营销［M］. 北京：机械工业出版社，1998.

❷ Philip Kotler，（2002），*Marketing Management*，11th edition，Prentice-Hall，p. 451.

❸ 菲利普·科特勒，凯文·莱恩·凯勒. 营销管理. 13版［M］. 上海：格致出版社，2009.

❹ 路易斯·E. 布恩，大卫·L. 库尔茨. 当代市场营销学［M］. 赵银德，等译. 北京：机械工业出版社，2002.

❺ 沈霁月. 互动营销理念下国际职业网球赛事手机移动平台的传播策略研究［D］. 北京：北京体育大学，2016.

速发展的移动互联网这一时代背景。企业的互动营销除了在既有的桌面互联网上之外，开始将移动互联网作为重要的发力场。到今天，移动互联网已经成为开展互动营销的主战场。

从近年来开展的互动营销实践来看，基于技术基础上的互动营销案例层出不穷。例如，LBS技术，通过这种技术手段，商家发出的互动营销活动会精准地传递给消费者，消费者根据自己的实际需要做出反应。大量的案例证明了这种技术具有很强的实时转换能力。

综上来看，国外对于互动营销这一概念的界定主要基于以下几点。首先，强调了企业与消费者双方，而不是以往仅仅从企业的视角出发，这实质上是营销理念的转变，标志着从企业的视角思考问题向以消费者为中心的转变。其次，认同技术在互动营销中的作用。互动营销不仅是一种先进的营销理念，更是具体的营销模式，在诸多的营销模式中，技术在互动营销中的重要作用是人们必须关注的一个问题。整体来看，对于这一概念的界定，国内与国外的研究视角基本是相同的。

根据国内外对于这一概念的界定，结合当前的营销实践和上述专家的观点，本书对互动营销这一概念进行如下界定：互动营销是相对于传统营销的一种新理念、新模式，主要是在互联网平台上，基于技术的力量，多个互动参与主体之间，例如企业与消费者、平台运营方与企业、消费者与消费者之间进行的双向的营销信息流动，在信息流动的基础上，基于一系列行为的数据大量产生并被挖掘与运用。同时，会有信息更大范围的扩散、互动行为的发生、销售效果的达成等一系列后续行为。

第二节　互动营销的要素及其之间的关系

营销必然涉及两方，买方和卖方，这一点无论对传统营销还是对互动营销都是适用的，二者都是互动营销的参与主体。对传统营销来说，它的基本要素主要是由企业、内容、媒介、消费者等几个部分组成。传统营销的运作流程是企业根据自身需求决定传播内容，然后在媒介上进行传播，最终到达消费者，使得消费者在心理、情感、行为等多个维度发生变化。互动营销的顺利实施，也是多个要素共同作用的结果。

一、互动营销的三大要素：企业、用户、平台

（一）企业：转变营销理念，提升营销效率

企业既应该开展互动营销，又应该开展传统营销，不论传统营销还是互动营销，企业都是重要的组成要素。不过，企业在两种营销方式中的思维方式和行为表现会有所差异。传统营销模式下，企业是整个营销活动的控制者，企业采取什么样的营销手段完全可以根据企业自己的计划来实施。互动营销模式下，为了让消费者真正参与进来，企业必须真正站在消费者的视角来思考问题，如果按照以往的传统营销下的思维方式，消费者往往会疏远企业。

互动营销模式下的企业具有如下几个特点。

1. 从控制向沟通转变

传统营销模式下，产品的研发、生产、营销等多个环节基本上都是企业唱主角。大多数情况下，企业营销的核心流程是：提炼出产品的卖点，然后借助一定的媒介，集中投放企业广告，这种营销模式曾经是过去很长一段时间屡试不爽的做法。作为消费者，只要接收了企业的营销信息，购买了企业的产品，在头脑中给该企业一席之地，传统营销就基本上成功了。因此，在这种模式下，消费者处于被动的位置，被动地接收企业的营销信息，基本上无法参与到企业的营销活动中去，多个环节完全处在企业的控制之下。而互动营销模式下，消费者参与性大大提高，消费者不喜欢以往说教式的营销方式，而希望和企业进行平等的对话。因此，企业尽管仍然是大部分营销活动的发起者，但是其控制性大大降低，企业必须从以往的"控制"向与消费者的"沟通"转变。

2. 更好地了解用户

互动营销模式下，消费者集中于多样化的平台之上，在这些平台上，消费

者多个维度的行为都可以数据化，由此带来的是企业对消费者具有充分、真实的理解。而此时，汇聚于多个平台上的消费者完全可以随时发出自己的声音——对产品的看法、使用的体验，这些都成为企业搜集消费者意见的重要来源。这种真实的声音，其效果远远好于传统营销模式下调研得到的结果。而这些信息则成为指导企业开展下一步工作的重要参考。企业完全可以针对用户的建议或者问题与其进行针对性的沟通。此时，二者之间的关系已经不仅仅是简单的交易关系，而是逐渐构建一种长期的互动关系。

3. 企业可以设置多元的营销目标

传统营销模式下，企业的营销信息传递出去之后，能够获得什么样的销售效果是很难精确衡量的。以广告的播放为例，除了短期的促销型的广告之外，大部分广告的效果其实很难精确测量出来。而通过开展互动营销，企业可以迅速知道在一次活动之后到达的人群、信息的转发数量等这些量化的数据，并可以知道一次活动带来的真实的销售数据，做到品效合一。这在以往都是难以实现的。

4. 可以进行低成本的沟通，提高企业效率

传统媒体时代，对企业来说，开展营销活动需要和不同的媒体单位进行沟通，必然有很高的沟通成本。基于互动媒体上开展的互动营销活动可以让商家大大减少上述成本，可以让企业将主要精力放在互动媒体上，与消费者之间进行实时、便捷的沟通，更好地维护客户关系。这时，企业可能只需要几名员工进行专业的维护即可解决沟通的问题，从而大大提升企业的效率。

（二）用户：力量增强，直接影响营销效果

如同企业，用户也是传统营销和互动营销的重要组成元素。近年来，用户发生了很大的变化，从消费理念、消费行为到消费渠道等多个方面，用户都有了很大的不同。整体来看，互动营销模式下的消费者具有如下几个特点。

1. 用户积极参与、主动分享

基于网络的特点，企业设计了针对网络的互动营销方案，许多方案一改过去那种单向的说教式的传播，而是通过提供美好的体验、实际的利益、有趣的

情节等策略让用户参与到活动中去。由于参与的便利性，用户一旦认可这一产品或者营销方案，很容易引起大量用户的转发与分享，这会在短时间内迅速提升营销活动的影响力。这一点在社交营销领域更加明显。

此外，电商模式下的互动营销，用户往往会将自己的购物经历、使用感受进行分享。一方面可能由于受到企业的鼓励，另一方面可能是作为社会性的用户想通过自己的分享能对其他的用户产生积极作用，从而体现自身的价值。实际上，消费者一般不再轻信企业广告中的劝服性的说辞，而是通过多种渠道去全方位了解相关的信息，或者去参考相关的消费者的看法或者评价，以此作为评价商品或者服务的重要标准。因此，用户的分享具有重要的价值。

因此，用户在此充当了传播的一个重要节点。在以往，信息传播到作为个体的消费者，传播过程就结束了。而互动营销模式下，任何一个用户都可能引起更大的分享。而对于关键意见领袖（KOL）来说，他们的分享更是可以带来普通人难以企及的影响力。

除了产品或者营销活动的主动分享外，用户希望有更多的表现机会，例如，希望参与到产品的设计开发中去。由于互联网这种介质的连接性，用户和用户、用户和企业之间自然地联系在了一起。用户有不同的方式可以参与到企业产品的设计中去。

2. 对于沟通内容有较高要求

在互动媒体上，既有传统的营销模式，也有互动营销模式。传统的营销模式其作用依然不可小觑，依然会对用户产生重要的影响。但是这种营销模式往往不为消费者所重视。用户在互动媒体上对内容的要求和传统媒体上的要求不同，例如，消费者希望企业在互动媒体上的传播内容要符合企业的调性，要符合目标消费群体的特点，要体现消费者的个性。因此，如果用传统的思维方式在互动媒体上进行传播，往往难以产生好的传播效果。

3. 用户结成社群，能量增强

单个的个体由于网络的连接作用，基于一定的兴趣、利益、职业等与更多的个体联系在一起，形成一个个社群。这些社群成员之间有着不同的特征，但是也有着共同的地方。例如，社群的参与者都是某企业的消费者，都是企业的资深用户等。社群的形成必然会对企业产生重要的影响。他们可能会疯狂地热爱企业，成为企业的粉丝，支持企业的各种决策，也可能通过社群将企业的小问题进行放大，从而对企业产生不利的影响。用户之间可以结成社群，根本原因在于互联网的"连接"的优势。彭兰认为，互联网上构成连接的基本要素以及连接的方式在不断发生变化，但"连接"始终是互联网的要义。❶ 用户一旦融入特定的社群，必然会获取更大的力量。

　　互动营销尤其强调消费者对整个过程的参与。消费者也乐意参与到这一类互动中去。例如小米的粉丝一开始就可以参与到小米手机的研发过程中。小米粉丝的建议如果被采纳，然后应用到研发过程中，最终生产出来，对其而言是一件无上光荣的事情，对这一品牌的感觉绝非是简单的交易所能比的。用户参与到营销环节有什么好处呢？

　　笔者认为用户参与进来可以增强体验。用户的体验有很多种，比如有趣、猎奇、同情等。这些体验可以让用户加深对于企业的印象，而不仅仅像传统营销模式下，大量的广告轰炸使得消费者大脑中给品牌一个位置。互动营销下的体验是和消费者之间的沟通。用户一旦参与到营销活动的体验中去，获得真实的现场感受，所形成的印象会比传统营销模式下单向的营销信息的传播深刻得多。一种方法是告诉用户我可以作为你的一个选择，另一种方法则是让用户使用了企业的产品会产生特定的体验或者感受。二者哪个效果更佳，其实高下早已立判。

　　许多企业已经认识到了体验的重要性，因此在互动营销方案的设计上利用各种方法让用户积极参与进来。比如，可以利用最新的技术的力量来吸引用户积极参与，近年来火爆的AR、VR技术已经被许多企业所采用，并取得了很好的效果。

---

❶　彭兰．"连接"的演进——互联网进化的基本逻辑［J］．国际新闻界，2013．

从心理学的视角来看，人们对事物的记忆有语义记忆、情节记忆。传统的营销模式更多的是利用消费者的语义记忆，通过反复传播让用户记住企业的信息。互动营销下的用户参与不太注重语义记忆，而是更注重情节记忆，调动用户多方面的感觉器官，让其有更深刻的印象，从而更好地和企业建立关系，而不仅是记住企业这么简单。提升消费者的关注度。截至2017年2月，App store应用数量突破220万，应用宝中，Android用户数量突破300万，用户的注意力已经由20秒降低到5秒，在这种情况下，传统的单向营销方式在提升用户的注意度上往往是无能为力的，而互动营销更强调从用户的视角出发，强调与其进行沟通，而不是以前简单的以提升用户注意力为主要目的的单向传播，这样就容易带来消费者关注度的提高。

如何提升用户的关注度呢？首先应该在营销活动的设计上充分考虑用户的心理，以往的单向传播即使用户不喜欢也难以拒绝。当前，由于技术的作用，用户可以随时屏蔽掉自己不喜欢的营销信息。因此，在设计上必须站在用户的视角重新思考。其次，要给予消费者一定的利益。这种利益或者是物质上的实际利益，或者是精神方面的，例如可以给消费者带来乐趣。小米曾经在微博上做过一个"我是手机控"的活动，整个活动没有推广费用，由于活动本身的趣味性强，很短的时间就吸引了100多万用户的参与，他们在微博上纷纷晒出自己用过的全部的手机，取得了很好的传播效果。

（三）平台：企业与用户更好地互动

互动营销的开展必须基于一定的平台。谷虹认为，平台是建立在海量端点和通用介质基础上的交互空间，它通过一定的规则和机制促进海量端点之间的协作与交互。❶ 从这一界定可以看出，平台实际上是一个交互的空间。就互动营销的平台而言，它是企业和用户、用户和用户之间相互交往的空间。

平台具有以下几个重要特点。

---

❶ 谷虹. 信息平台论：三网融合背景下信息平台的构建、运营、竞争与规制研究 [M]. 北京：清华大学出版社，2012.

1. 平台真实展现用户行为、思想数据

在传统营销模式下，企业可以通过市场调研的形式去研究消费者的思想和行为。从方法上来说一般采取抽样的方式进行，即选取具有代表性的样本，以样本的情况来推测整体消费者的状况。这种方法在过去具有重要的意义，但是它的缺陷同样非常明显。例如样本本身的代表性的问题、用户接受调查的配合度的问题等，这些问题的存在都会严重影响市场调查的质量和水平。随着互动媒体的兴起，用户迅速聚集到互动媒体上来。用户在互动媒体上的一举一动，包括一次搜索、一次谈话、一次信息的发布都被完整地记录下来。这些信息的集合会构成一个完整的消费者画像。这样，用户在企业面前展示出原本的真实形象，这是传统的市场调查无法达到的结果。因此，基于多个维度的特征和用户内心的表露，企业可以精准地去把握每一个真实的用户，了解其真实的需求，真正实现与用户之间进行一对一的沟通。在这个前提下，二者之间的互动变得有效、心灵相通。

2. 平台可以实现企业和用户之间的交互

如前所述，互动营销的两个参与主体是企业和用户。随着环境的改变，消费者"碎片化"的问题困扰着企业，但是通过一系列的互动媒体，消费者又开始在互动媒体上进行"重聚"。企业可以随时与平台上的消费者之间进行互动，了解消费者对于企业产品或者服务的建议，另外消费者表现出的一系列行为实际上是其内心思想、需求的外在表征。因此企业可以通过洞察消费者在平台上的行为，然后分析消费者的需求和动因。同时，消费者对于企业的疑问也可以在平台上进行咨询。这样，企业和消费者之间通过平台这一中介紧密联系在一起，实现两个主体之间随时互动，从而大大提升企业生产的精准性和持续性。这样，基于互动平台之上企业和消费者之间的信息的真实、即时交互，企业在一定程度上的按需生产成为可能。这种优势是传统营销模式下难以实现的。企业和消费者在平台上的交互还具有更深层的意义，中国传媒大学资深教授黄升民认为，互动情景的外层表现是对方反馈的真实获取和实时响应；深层内核则是心灵世界的感知相通，价值观的情感认同，互动双方突破信息屏障，

时空阻隔，达到共享共通共创的状态。❶ 因此，对于平台上双方的交互，不应该仅从表象去理解，还应该看到其背后的深刻含义。

二、互动营销要素之间的关系：平台上多元主体之间的交互

企业、用户、平台，三者共同构成了互动营销的核心因素，缺一不可。平台是基础，在平台之上可以承载无数的企业和消费者，它们在平台上面进行各种交互，例如企业和用户之间、用户和用户之间、企业和企业之间都会在这个平台上根据自身的需求形成复杂的交互关系。企业和用户是互动的主体，二者在平台上的互动越多、越频繁，对于双方的理解自然就越深刻，关系的构建就越牢固，平台的价值就越高。三者之间的依赖关系一旦形成就会在较长的时间延续下去，成为企业和用户之间一种重要的沟通方式。

与传统营销相比，三个要素之间，用户的地位在上升。互动营销的核心就是引起用户的参与。在以往，受到技术条件的限制，消费者想积极参与也难以实现。而在互动的平台上，消费者可以实现即时地在互动平台上发表自己的想法。近年来消费者发生了很大变化，已经不是过去那种企业提供什么产品就购买什么产品的状态，而是有了自己的想法和主张，对产品有了更高的要求，不仅仅要求产品提供使用价值，还要求产品带来一定的情感价值，与自己的调性一致等。此外，越来越多的用户有了在媒体上发声的愿望，变化中的消费者会随时在各种互动平台上进行表达。这样也就给了企业更多了解、洞察消费者的机会，使得二者之间了解更加深入，这样二者对平台的依赖性自然也就更强。

互动营销现在已经得到了广泛的应用。但是在实践中，往往会有一些关于互动营销的误解，具体体现在以下两个方面。

1. 在互联网上开展营销就是互动营销

互动营销主要是在互联网这一平台上开展的，但是并不是互联网上所有的营销都是互动营销。互联网上的营销形式既有传统营销，又有互动营销。尽管

---

❶ 黄升民. 拨动互动之弦［J］. 媒介，2016.

互联网上互动营销的形式所占的比重越来越高，但是当前还有为数不少的网站依然按照按天（Cost per day，CPD）进行广告位置的售卖，另外旗帜形式的广告位也依旧存在。这些都以互联网为承载，这些广告形式依然主要起到展示的作用，但它们都不属于互动营销的范畴。

2. 营销过程中只要有受众的反馈就是互动营销

这也是对互动营销的一种误解。在传统媒体盛行的年代，大量的广告形式中也加入了受众互动的成分。例如，电视、报纸上面的关于汽车的试乘试驾的活动，都会有相关的报名或者咨询电话。消费者看到这则信息后若有需求则会主动拨打电话联系企业。在整个过程中，显然有互动的成分，但是这种情况也不能称为互动营销。这种在营销的过程中加入互动的成分和以互动为主要特征的营销有着本质的区别。第一种情况主要是通过营销观察受众的反应。而第二种情况则是让消费者参与到企业的营销活动中来，是一种以互动为核心特征的营销。二者具有很大的差异性。我们强调的互动营销中的互动，不仅是一种行为，还是一种理念。

第三节　以搜索、社交、电商为代表的互动营销模式

互动营销具有多样化的表现形式。搜索营销、社交营销、电商营销、游戏营销、移动营销等，都是互动营销不同的表现形式。不同的表现形式具有自身不同的特点。在此，本书选取搜索营销、社交营销、电商营销三种类型来分析互动营销。主要是基于以下几点考虑。

三类营销方式具有典型性。搜索、社交、电商是目前用户在网络上重要的网络行为，每一类都具有自己鲜明的特点。搜索代表的是用户与搜索引擎之间的互动，社交代表的是用户与用户之间的互动，电商代表的是用户与商品之间的互动。搜索通过用户与搜索引擎的互动来解决用户信息寻求的问题，用户从

信息的被动接收者变为主动的信息搜索者，搜索的过程也是表露自己需求的过程。社交通过用户与用户之间的互动解决用户和其他主体之间的交流问题，社交营销的开展可以带来裂变式的传播效果，放大传播的价值。电商通过用户与商品的互动来解决用户网上购物的问题，电商营销通过多样化的营销产品促进了电商的迅猛发展。搜索、社交、电商三类需求是当前用户在网络上的核心行为，基于用户核心行为基础上的营销具有重要价值。

同时，这三种营销方式具有一定的共性。企业不论采用上述哪种方式进行营销，都希望用户以更加积极的状态参与到企业的营销环节中，而不是传统营销模式下仅被动接收。例如，搜索是用户主动寻找行为。社交营销模式下用户可以积极主动地帮助企业进行信息的传播。电商环境下，用户可以在营销的刺激下采取购买行为，然后在社交媒体上进行分享。可见，上述三种方式都体现了用户的主动性。另外，这三种方式都包括了多样化的营销产品，吸引用户进行积极参与营销活动。

因此，本书选取上述三种代表性的营销方式对互动营销进行分析。

第三章　搜索营销：引导用户与搜索引擎的互动

第一节　搜索营销的要素

一、搜索营销的特点

（一）搜索与搜索营销

1. 搜索与发展

搜索即寻找，这一行为，早已有之。无论是人们的日常生活中，还是工作学习中，搜索都是其中的一个环节。为了解决物质方面或者精神方面匮乏的状况，人会经常处于信息搜索的状态中。对人来讲，信息的需求具有多样性和发展性。人在不同的阶段需要不同的信息，有了对于信息的需求，就会通过各种方式进行信息的搜集。信息对个人的生存与发展至关重要，没有持续地对于信息的获取，人可能会停留在原地，踌躇不前，也就没有进步。从人类的发展历程来看，人类对信息的搜集与接收从来不曾停止。

人与人之间最早的信息交流是通过语言或者肢体动作，例如人和人之间的口口相传，进行讨论，或者通过某一个动作进行传递信息。这种交流要求人和人之间在时间和空间上有一定的限制。这种限制性决定了信息的交流会局限在一个较小的空间，而在同一时空下的一群人，其知识、经验等往往具有很大的共性。因此，这一时期的人和人之间信息的交流，往往主要是获取同质性的信息。后来，由于人与人之间信息占有的不均衡，信息占有多的人可以对信息占有少的人进行教育，二者之间形成类似师徒式的关系进行信息传递，这种信息的交流同样对时间和空间有着一定的限制。但相比第一个时期，已经有了很大的突破。突出表现为二者之间的知识有较大的差距，通过传递，可以使得信息进行大量流动。随着书店、图书馆等知识装置建立起来以后，人们可以根据自己的需求，到这些地方分门别类地进行信息的搜集，人们信息搜集的范围有了很大的提升。这一时期，人们可以根据需求自由地进行信息搜集，这是一个很大的进步。但是相对来说，这种信息搜集的方式在效率上存在一定的问题。近年来，信息的搜索一个非常大的变化是人们纷纷借助于网络平台上的搜索引擎。这种信息的搜索对于时间和空间基本上没有任何的限制。人们可以在任何时间、任何地点在搜索引擎上发起信息的搜索。搜索引擎在接收到搜索请求后，会在极短的时间内对人们的提问做出解答。这种信息搜索方式，不管是从效率上，还是从信息的丰富程度上，与前几个阶段相比都有了质的飞跃。

从根本上来讲，网络上的搜索引擎改变了人们寻求、获取信息的方式，改变了信息的传播形式。搜索实现了从随时提问到即时反馈这样一种创新，搜索实际上是提供了一个海量的知识库。搜索者可以根据自己的需求主动搜索任何相关的问题。只要搜索平台上的信息库里包含关于这个问题的信息，平台会在极短时间内对搜索者做出解答。可以说，基于网络平台上的搜索创新了人类获取知识的方式，这种搜索方式出现之后，搜索之前的一系列方式依然存在，但是显然搜索对上述几种方式已经在很大程度上形成了有效替代，许多人已经形成了有问题到网络搜索引擎上进行搜索的习惯。整体来看，基于网络平台上的搜索是一种便捷、高效的信息寻求方式，实现了人与信息的即时、有效连接。

在商业活动中，买方需要商业信息给予指导，卖方提供商业信息进行传播活动，双方的需求会导致中介市场的形成。中介市场形成后，买方就可以在此进行所需信息的搜索工作。早在1611年，英国宫廷决定将广告事务集中到一起，设立一个机构来提高广告的流通性和净化广告，并把特许经营权给了亚瑟·乔治和瓦特·库柏，两人计划是得到特许后，在伦敦设立一个通用商业公共登记所，将所有的广告都集中在这个所里。只要到了这里，想招聘也好，想借钱也好，想买卖不动产也好，都可以找到自己想要的。❶ 这项计划虽然最终没有落实。但是我们看到该计划与今天的搜索营销市场有很大的相似之处，计划设立的商业公共登记所实际上就是一个多元信息的集中地，信息的需求方可以在此找到自己需要的信息。

今天的网络搜索市场上，搜索平台集中了各种各样的商业信息，信息需求方通过这些商业信息的搜寻，找到适合自己的信息，进而对信息进行使用。网络搜索的基本原理是，众多的企业将自己的信息发布在网站上，这样便形成一定数量的网页，网页上包含了企业的产品或服务等信息。搜索引擎将网站的网页信息收录到索引数据库，用户利用关键词在搜索引擎上进行检索，搜索引擎把与用户关键词相匹配的索引信息与URL❷呈现给用户，用户选择自己感兴趣的信息并点击URL进入索引所对应的网页。这样便完成了企业从发布信息到用户获取信息的整个过程。

从CNNIC历年的用户网络行为数据来看，搜索行为一直是用户最重要的网络行为之一。在PC互联网时代，搜索引擎成为用户网络行为的重要入口。即使移动互联网时代，用户对于搜索的需求有所下降，搜索的需求也依然处于用户需求的前三位。因此，整体来看，搜索行为在今天依旧是用户最重要的网络行为之一。从搜索实现的可能性来看，信息在网络上的永久可储存性，是搜索在网络上兴起的重要条件，这决定了用户可以在任何时间、任何地点发起搜索，寻找自己需要的信息。从搜索实现的必然性来看，互联网上承载了海量的信息，企业将网络作为重要的营销平台，在网络上纷纷发力。而对于用户来说，

---

❶ 文春英. 外国广告发展史［M］. 北京：中国传媒大学出版社，2006.

❷ URL，统一资源定位符，英语Uniform Resource Locator的缩写。也被称为网页地址，是因特网上标准的资源的地址。

面对庞杂的信息，如果逐一去看，显然费时费力，效率极低，短时间内难以找到适合自己的信息，而通过搜索可以很容易找到与自己高度适配的信息。网络平台上海量的企业要想脱颖而出，与用户之间建立连接，也需要在搜索平台上进行积极展示，使得用户产生需求时自己的信息可以有效即时展示在用户面前。这样，企业就有了在搜索平台上开展营销的需求。

2. **搜索营销：基于搜索平台上的营销行为**

搜索营销这一概念是随着搜索平台的建立而来。企业通过实施搜索营销，将自己与用户连接起来，让用户去了解自己的产品或服务，进而达成关注或者购买等行为。关于搜索营销，笔者搜集到两个代表性的概念。

塔潘·K. 潘达（Tapen K. Panda）指出：搜索引擎是一种网络营销形式，其目的在于提升网站质量以增强其在搜索页面的可见度，它使用搜索引擎优化、付费广告、内容关联广告和付费链接等几种方法。搜索引擎优化采用创建或者改变网页标题、关键词、结构等方法，使自己的页面比其他网页的关联度更好，排名更靠前。搜索引擎营销也被称为关键词营销或者点击付费广告，广告主为特定的关键词或者短语出价，使广告能够在自然搜索结果的旁边出现。❶这一概念详细阐释了搜索引擎营销的目的与方法，对搜索引擎营销的理解较为全面。

谷歌公司李莎认为：搜索引擎营销是通过搜索引擎营销网站实施的行为，包括提升自然排名、广告付费排名，或者这两种方式的结合，以及其他和搜索引擎相关的行为，更简单地说就是，指一系列能使网站在搜索引擎上显著的营销技术，这样能吸引目标受众访问网站。这些技术包括搜索引擎优化（Search engine optimization，SEO）和点击付费（Ppay-per-click，PPC）❷。这一概念认为，搜索营销的核心是搜索引擎优化和广告付费这两种形式。

结合上述两个概念，笔者认为搜索营销是营销主体在搜索平台上开展的营

---

❶ Tapan K. Panda. Search Engine Marketing: Does the Knowledge Discovery Process Help Online Retailers? [J]. *Jornal of Knowledge Management*, 2013（3）: 56-64.

❷ 李莎. 搜索引擎及搜索引广告 [J]. 广告大观（理论版）. 2006.

销行为，通过一系列营销产品，使企业在搜索平台上处于更加显著的位置，从而使得用户更容易进入企业的网页，根据自身的需求采取进一步的行为。中国目前的搜索平台包括百度搜索、搜狗、360搜索等，海量的企业和海量的用户聚集在各类搜索平台上展开多种形式的互动。搜索市场一直呈现高度集中的态势，百度一家独大，尤其是在谷歌退出中国市场后情况更是如此。2017年10月，百度搜索的市场份额达到82.99%，❶遥遥领先于其他搜索平台。在搜索市场上，百度具有典型性，其自身的状况和变化对于整个搜索市场具有重要的意义，本书主要以百度为代表来分析当前的搜索营销市场，了解搜索营销的组成要素，以及提供的一系列互动产品等。

（二）搜索营销：连接用户需求与平台储备

在搜索平台上，用户的搜索是基于其特定的需求，对应用户的需求，网络平台上提供了大量的满足用户需求的储备，搜索营销主要是起到有效连接用户需求和平台储备的作用。

1. 搜索营销的开展基于用户的特定需求

搜索营销一个重要特点是用户的搜索行为是基于自身需求的一种积极的搜寻，所搜即所需，反映的是用户的真实想法，也就是用户的搜索具有很强的目的性，因此具有重要的商业价值。用户在搜索引擎上搜索某一产品，往往意味着用户自己、家人或者亲朋好友对这一产品有实际需求。用户搜索如何应对某一问题，则往往意味着用户或者家人需要这一问题的解决方案。这自然为企业和用户之间的有效衔接、提升转化奠定了基础。例如，用户为了寻找相关的商业信息进行搜索，企业基于这一基础上开展的营销活动自然具有很强的精准性，可以为用户提供具有针对性的产品或服务。

以往的市场调查去调查用户的心理时，由于多方面的原因，用户往往提供不真实的信息，而企业如果无法甄别其中的虚假信息，再以此为依据进行信息的分析和对策的制订，自然难以取得好的效果。在以前企业开展营销活动是企

---

❶ 数据来源：Stat Counter Global Status 2017，10.

业在一个大的群体中去主动寻找客户，如何寻找客户、寻找到之后如何进行进一步的有效沟通，沟通之后能否在此基础上达成进一步的效果，例如销售等，这里面都存在着很大的不确定性。而搜索营销的用户所进行的搜索行为，实际上是将一个个有着这方面实际需求的用户放在企业面前，甲需要什么，乙需要什么，一目了然。这与以往企业用广播式营销的方式去寻找消费者、影响消费者到最终将产品卖给消费者在路径上有着明显的不同。

因此，传统营销是企业通过各种手段从群体中找到一部分属于自己的客户，要想与一个个的个体进行沟通，则需要投入很高的成本。而搜索营销则是去分析一个独特的个体具体的需求，然后提供有针对性的解决方案。从企业主动寻求消费者、接近消费者、了解消费者，到消费者在搜索平台上主动表露自己的心迹，寻求解决方案，对于消费者的研究变得简单、直接、高效。因此，搜索营销这种形式高速发展自然也具有其必然性。

2. **对应用户的需求，搜索平台提供了大量储备**

海量的用户在搜索平台上通过搜索行为展示了自己的需求，平台会满足用户的这种需求。平台对用户需求的满足主要是基于平台自身海量的储备。这种储备不是被动地进行知识的储存，而是可以在既有知识的基础上进行深度的学习和加工，例如可以基于用户既有的使用情况，来把握用户的兴趣、爱好，用户使用越多，平台对用户的把握就越精准。

对于有着特定需求的搜索者，供给方实际上有着大量的储备，这种储备的来源具有多样性，既可以有专家提供的权威答案，又可以有大量的用户生成内容，例如网友提供的答案。在维基百科、百度知道、百度百科等板块，用户的提问可以由更多的用户来进行解答。普通用户均可对上述的内容做出界定或者修改。

搜索平台可以满足需求方全方位的需求。但是，这种储备不是百科全书式，不是所有的物品冷冰冰地摆在这里，而是建立了相互之间的复杂关系。用户在平台上对于搜索使用得越多，实际上对于自己的暴露越多，平台对用户的把握就越深刻、越精准，在平台向其进行产品推荐时，适配性就越高。

二、搜索营销的要素：搜索平台、企业、用户

搜索营销是当前许多企业进行营销传播活动的重要方式。搜索营销首先要有搜索的平台，搜索平台提供搜索的方式、规范等。搜索平台搭建起来后则需要海量的需求方和海量的供给方在这个平台上进行交互。供给方将信息通过搜索平台进行展示或售卖，而需求方则在搜索平台上进行主动搜索，通过平台满足自己的需求。基于此，搜索营销主要包括搜索平台、企业、用户三大核心要素。

（一）搜索平台：搜索营销的实施舞台

搜索平台是连接企业和用户的中介，搜索营销的开展主要是基于一定的搜索平台。搜索平台承载了作为搜索方的用户和作为展示方的企业，可以使海量的用户和海量的企业在平台上展开多种形式的互动。就搜索营销市场来看，它是典型的双边市场，搜索平台连接着信息搜索方和信息提供方两方，从营销的角度来说则是连接着企业和用户。企业和用户通过搜索平台这一中介被连接起来，二者在这一互动平台上进行了多种形式的互动行为。搜索行为一个重要特点是伴随着用户的每一次点击，都有可能会给企业带来一定的商业机会。

从搜索平台的发展来看，搜索平台呈现寡头垄断的状况，而且头部的搜索平台在市场占有率上遥遥领先，远远超过其他的搜索平台。这样的市场格局自然会带来一定的问题，主要是平台尤其是头部的平台自身规范发展的问题。由于在市场上近乎一家独大，缺乏竞争对手，平台在运营过程中往往会受到经济利益的诱导，在信息的提供上具有一定的倾向性，不去考查客户自身的综合水平，仅仅将关键词的购买以及出价的高低作为展示的依据。以前出现的大量的竞价排名事件，由于百度不加严格审核而导致消费者利益受损的案例比比皆是，有时候消费者甚至付出生命的代价。随着这些问题的出现，政府等相关部门进行积极的管制，出台了关于搜索平台的一些规范，例如从2016年8月1日起实施的《互联网信息搜索服务管理规定》，就是为了促进网络搜索行业的健康发展。这些规范明确了平台的权利和义务，对平台的行为进行了界定。例如，

关于用户搜索到的广告，平台必须进行明确的标示，自然搜索的结果应该占到一定的比例等，让用户更理性地做出判断和决定。

目前来看，搜索平台的进入具有很高的门槛，技术、人才、资金等都为后来者设置了较高的门槛，因此目前平台寡头垄断的现状短期内很难有大的改变。作为百度，不定期地出现上述的问题也在意料之中。

（二）企业：积极实践搜索营销

企业主要是通过搜索平台向用户提供多种形式的信息展示、产品销售等行为。近年来，用户的媒体接触行为大量转移到网络上。用户的注意力在哪里，企业自然应该关注到哪里。企业在网络上开展营销活动，必然要跟随用户的变化。既然用户聚集于各类搜索平台进行各种形式的搜索，企业应当将自身的信息在搜索平台上进行全方位的展示，搜索平台已经成为各行各业的企业进行展示的重要平台，也是品牌打造的重要阵地。搜索平台上提供了多样化的营销产品，企业通过与搜索平台开展合作，选择搜索平台上的营销产品，既可以与用户进行沟通，提升知名度、美誉度，达成销售，也可以助力品牌的整体建设。

企业和用户之间在搜索平台上通过互动，分别满足了自己的需求。而平台也由于双方的互动使得自己的作用更好地发挥出来。

（三）用户：基于自身需求实施搜索行为

一般而言，用户是搜索行为的实施者，用户基于自己的需求，通过搜索行为，可以搜集信息、了解企业，也可以寻找合适的产品或服务，做出决策进而达成购买。没有用户的搜索，搜索平台就没有存在的意义。

数据显示，搜索是用户在互联网上最重要的网络行为之一，不论PC互联网时代，还是移动互联网时代，用户都会基于自身的需求花费大量的时间用于搜索。第41次互联网发展统计报告显示，2017年12月用户在PC端的前三大需求为即时通信、搜索引擎、网络新闻，而在手机端的前三大需求为即时通信、网络新闻、搜索引擎，手机端用户搜索的比例要低于PC端。但总体来看，搜索行为对于用户而言是最重要的网络行为之一。

用户的搜索行为主要是在搜索平台上输入文字进行搜索，这一直是最重要的搜索方式。近年来，随着技术的发展，用户的搜索方式也在发生变化。例如开始逐渐利用语音搜索、图片搜索、二维码扫描等方式进行搜索。这些新的搜索方式增加了用户搜索的乐趣和便利性，提升了用户搜索的体验。用户的搜索会带来一系列后续的行为，例如浏览、比较、购买等。

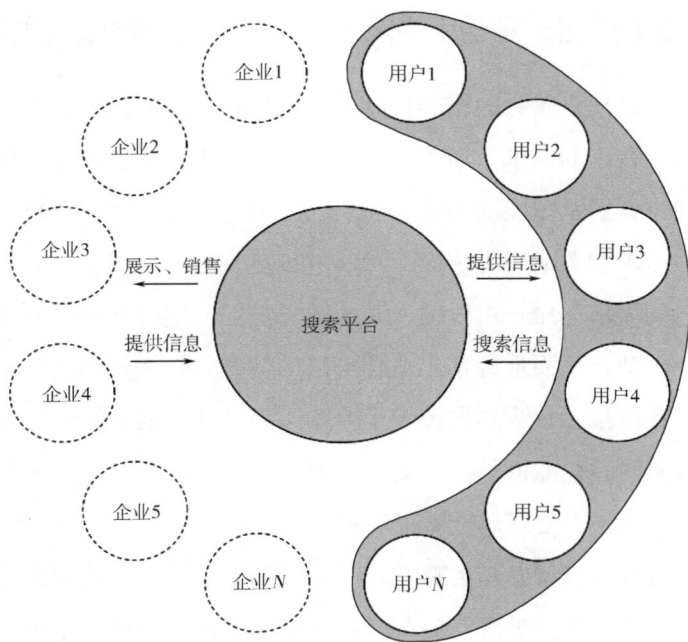

图3-1 搜索营销的要素及相互作用

三个要素之间的关系可以通过图3-1体现出来。整体来看，企业、搜索平台、用户三大要素构成了搜索营销的关键环节。搜索平台是承载，而企业和用户则是搜索平台上的主体。企业和用户在平台上进行多种形式的互动。

第二节 搜索营销的互动产品

搜索平台上各个要素之间展开了多种形式的互动，既有平台和企业的互动、平台和用户的互动，也有用户和企业的互动。百度的搜索平台上提供了多样化的互动产品，企业、用户、平台之间通过这些互动产品展开了互动。搜索市场有多家搜索品牌，呈现寡头垄断的状况，最典型的当推百度搜索。因此，下文主要是以百度为例，来分析其搜索平台上主要的互动产品。

一、关键词广告：基于用户需求，以用户主动搜索为主要方式

关键词广告是搜索营销的核心产品。这一核心产品的操作思路是在搜索平台上，用户根据自己的需求，通过输入关键词或者进行语音搜索。搜索平台会根据用户的请求，展示出能满足用户需求的一系列信息。用户自行决定哪些信息是与自己的需求相关或者有用的，然后进行逐一点击和浏览。如果这一过程没有满足用户的需求，用户可以输入其他的关键词，进行新一轮的搜索，再次重复上述各个环节，从而最终选出适合自己的信息。作为企业，要想在网络上更好地与用户进行接触，需要向搜索平台购买用户搜索的关键词。用户在搜索引擎上进行搜索时，企业的信息才能排在搜索结果的前面，从而提高用户主动点击企业信息的概率，更好地传播企业的营销信息。

关键词广告作为搜索营销的核心产品具有重要价值。一是用户的搜索是一种主动的搜索行为，任何搜索行为都是用户需求的外在表征，是用户主动表露内心的需求。因此，通过用户搜索的关键词，我们可以更好地了解用户。基于用户需求的关键词广告必然在满足用户的需求方面更胜一筹。二是关键词广告具有很强的针对性和转化率。用户会根据自己的搜索情况，对于信息进一步浏览，或者在此基础上进行深入了解或者实施购买行为。

关键词广告是搜索营销中的重要组成部分，各个要素之间在这种方式上的互动并不复杂。

（一）用户与平台之间的互动

用户与搜索平台之间的互动最为基础。如上所述，用户基于自己的爱好或者需求，通过文字、语音、图片等不同形式向搜索平台发起搜索请求。搜索平台基于用户的搜索请求，利用搜索技术，调用背后的信息库，从中选出和用户

搜索的关键词相匹配的一系列信息，然后在网页上进行推送。用户会收到大量的满足自己需求的信息，基于自己的状况对于推送的信息做出自己的选择并进行使用。

（二）用户与企业之间的互动

用户和企业之间的互动主要是通过平台进行的。由于用户进行主动搜索，提供了一系列重要的关键词信息。而平台掌握了这些信息，然后将这些关键词售卖给企业。因此，用户和企业之间的互动的基本形式是点击和浏览。在移动平台上，语音搜索也成为一种重要的搜索形式，在多种场景下得到了应用。企业和用户之间的互动精准度较高，基于用户的搜索行为，企业可以为其提供一对一的针对性服务，用户转化为企业客户的可能性也大大提升。

（三）企业和平台之间的互动

企业和平台的互动是建立在平台和用户之间互动的基础上。一般而言，平台自身有自己的运营规则，企业会遵循平台制订的合作规则。例如，平台为企业设置账号，企业向账号中存入一定额度的资金，不同额度可以享受不同的权限。当用户产生点击行为时，平台会按照约定好的点击行为产生的费用进行扣除。企业可以实时了解用户的点击行为以及企业账户中的余额。当账户余额达到一定的下限时，企业需要向账户中存入一定额度的资金，继续维持上述运转。

关键词广告是一种重要的营销产品，百度在关键词广告方面进行了创新。在百度的关键词广告中，有以下两种较为特殊的形式——品牌专区和捷径广告。二者都需要用户以关键词的方式进行搜索，但是搜索结果在呈现上会有不同的特点。

1. 品牌专区

品牌专区是百度一种独特的关键词广告形式。不同于一般的文字链接，其最大的特点是用户进行搜索后在页面的黄金位置进行大面积的呈现关于品牌的信息，可以承载文字、图片、视频等多种形式，具有较强的视觉冲击力，用户视野所及范围内，全方位展现搜索客户的信息。从展现内容来看，既有一般性的介绍，例如官方网站和公司简介、联系电话、地址等基本信息，也有最近的一些促销性的活动，让用户可以通过页面的点击进一步了解活动的具体内容。品牌专区这种形式可用来进行企业形象的展示，一般行业领导品牌比较青睐这种营销形式。品牌专区也是基于用户对于关键词的搜索而呈现的一种形式。因此，品牌专区仍然是一种关键词广告。

图3-2是海尔在百度搜索上的品牌专区。通过图片，我们可以发现，在这一营销产品中，既有海尔各个品类的具体产品的信息，又有海尔的官方网站，还有公司最近的促销信息和与海尔有关的重要人物。因此，通过百度搜索中的品牌专区这种形式，用户可以一键直达企业的多个层面的信息。只要有一个方面能够引起用户的兴趣，用户就有可能进行点击，从而采取进一步的行动，这样大大增加了用户的关注度。

图3-2　海尔的品牌专区

品牌专区作为关键词广告的特殊表现形式，传播效果更加突出。企业选择文字链接类的形式，用户在点击和浏览的过程中，由于程序的复杂性或者未能及时满足用户的需求，用户不一定会最终到达企业主展示的信息，从而造成流量的损失。例如，用户在百度搜索中输入公司名称"海尔"，然后再点击公司的网站，进行观看，流程越长，用户行为中断的可能性自然越大。而品牌专区则通过多类信息的直接前移，让用户可以一步直达多种形式的信息，最大限度地减少了流量损失，具有较强的直达性，满足用户需求。总之，品牌专区这种形式可以让用户一键直达企业多种类别的信息，让不同用户结合自己的实际需求，进行有选择的信息接触。

通过梳理百度品牌专区的内容，发现品牌专区一般包括标准样式和高级样式两类。每一类在具体表现、互动形式等方面呈现不同的特点。表3-1对不同的形式进行了梳理。

表3-1　品牌专区下的互动

类别	具体表现	互动形式	特点
标准样式	标题描述区	点击、浏览	整体的信息
	栏目区域	点击、浏览	具体的信息
	Button区域	点击、浏览	核心框架
	表格区域	浏览、对比、购买	相似内容呈现
	长链接栏目	点击、浏览	特色信息，深度分析
高级样式	多Tab展示	浏览、点击、购买	系列呈现，方便切换
	图文展示	浏览、点击、购买	图文并茂，一键直达
	标准微博	关注、转发、收藏、评论	多渠道传播
	胶带展示	浏览、点击、购买	图片滚动播放、产品推广信息等多面展现
	浮层视频	浏览、点击、购买	多视频推广，全方位信息展现
	纯色加冕系列	浏览、点击、购买	个性图片，大图展现
	左侧视频系列	浏览、点击、购买	进行多产品的推广
	游戏	浏览、下载、讨论	用户参与

注　根据百度品牌专区等资料综合整理。

通过上表可以看出，品牌专区这种形式下，用户表现出很强的互动性。由于一次点击可以直通诸多信息，通过品牌专区这种形式减少了用户和企业之间沟通的路径。这种形式下的互动除了传统的点击、浏览等形式外，还出现了下载、讨论等形式，此外还加入了微博等社交媒体，用户可以直接进行关注、点击、转发、收藏、评论等行为，也可以在页面上进行直接购买。整体来看，这种形式的互动主要集中于点击和浏览这些最基本的形式。

对于移动端来说，受到屏幕的限制，品牌专区一般则用更加简洁的语言对企业信息进行介绍，将公司目前的机构设置、开展的活动等内容进行展示，以便于用户更深入地了解具体的信息。同时，移动端的品牌专区往往将联系方式置于比较醒目的位置，这样可以缩短消费者决策路径，以方便用户产生需求随时可以和企业取得联系，进而迅速达成购买。这是移动搜索营销用户和企业互动的重要特点。这种集品牌传播和销售于一体，而又突出销售的方式，对于企业的营销传播具有较大的价值。

可见，品牌专区这种形式由于在页面上呈现出来独特的特点，使得不管是在用户的关注度上，还是在企业与用户、平台与用户的互动方面都呈现不同的特点。在互动方面，这种形式表现突出。在诸多的企业信息中，用户可以根据自己的需求，利用不同的方式积极与企业、平台开展互动。

2. 捷径广告

百度结合网络的特点，将企业和用户通过各种方式进行有效连接，进行了多种创新。其中，捷径广告就是其中的一种。捷径广告是百度一种全新的广告类型，是精准广告的一种，其采用的定向方式、技术与精准广告相同，但它的样式更为复杂、高级，它可以根据企业的个性化需求在广告区域内添加交互元素，实现用户与广告之间的互动，同时使企业能够在品牌展示和宣传的同时获取目标用户的信息，大大缩短了企业与目标用户之间的距离。❶ 可见，这种广告最大的特点是加入了互动的因素。让用户不仅像接触传统的营销信息那样，而是让用户参与进去，在参与中体会品牌带给自己的实惠、新奇、荣耀等。

以图3-3平安车险捷径广告平安车险计算器为例，显然这种营销方式与以往的banner展示类的广告给客户的体验不同。同样是在销售服务，捷径广告不

---

❶ 捷径广告，http: //www. baike. com/wiki/%E6%8D%B7%E5%BE%84%E5%B9%BF%E5%91%8A.

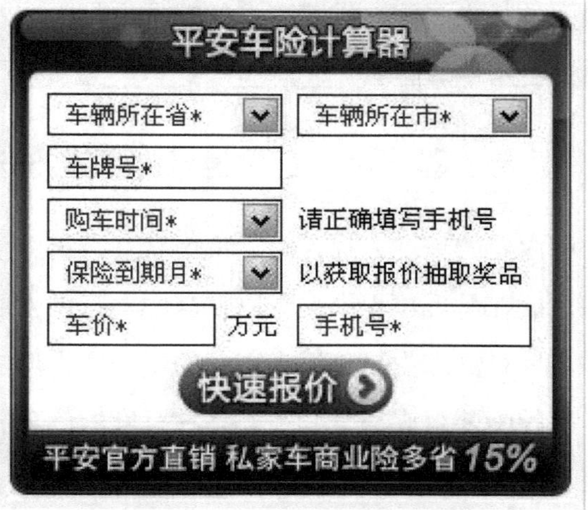

图3-3 平安车险捷径广告

是简单地对信息进行展示，而是以一种趣味性的方式进行了呈现。中国平安依据自己的核心需求对营销信息进行设计，在百度上进行投放。需要购买车险的用户在看到这则企业信息后，由于该营销信息的实用性、便捷性和趣味性，许多客户会主动利用平安车险计算器来计算自己的车险。一般来说，由于参与计算的是近期需要购买车险的用户，而且还有客户的手机号码等重要信息。既然用户愿意将自己的信息进行展示，这实际上是一条搜索者极有可能成为平安客户的精准信息，再加上客户留下自己的联系方式。这样，企业很容易立即与客户进行沟通，从而在短期内实现销售的转换。

因此，捷径广告这种形式通过用户积极主动地将信息进行展示，到企业对客户进行对接，可以在一个较短的时间内进行企业信息的传播并顺利完成服务的销售工作，这是这种形式的重要特点。

在销售方面具有独特作用的捷径广告，其成功的关键在于要提供给用户有用、有趣、便捷的产品。这样，用户才可能积极主动地配合企业的营销活动，参与到这一活动中。企业和用户在信息的互动中就可以完成一次商业活动，这是传统的企业单向式的传播难以达到的效果。

以上可见，关键词广告是搜索平台上重要的互动产品，表现形式呈现多种方式。该产品最大的特点是用户带着自身的需求进行主动搜索，因此有助于企业把握好并及时满足用户的需求。

二、信息流广告：基于用户综合信息的精准推送形式

信息流是一种内容的呈现方式，通过将信息进行集中呈现，满足用户阅读信息的需求。信息流在呈现过程中，可以在其中进行广告的设置，实现对企业营销信息的传播。信息流广告是近年来兴起的一种广告形式。百度信息流广告也是百度营销产品的重要组成部分，主要是在百度的信息流中进行展现的广告形式。它是指基于百度的信息流穿插展现在信息流中的广告形态。

百度的信息流广告可以在百度首页、百度贴吧、百度浏览器等场景出现。其基本原理是，用户在进行百度信息流的浏览时，多条信息之后会出现一条广告，广告样式有文字、图片、视频等。信息流广告最大的特点是以一种相对隐蔽的方式进行投放，让用户在接收信息的同时接收到企业的广告信息。基于百度后台的算法，信息流广告在传播上有很强的针对性，实现信息与用户较高的匹配度。因此这种形式具有很强的精准性，主要是向搜索、浏览过类似信息的人，或者对此类信息感兴趣的人进行传播。用户对于信息的点击和浏览，形成cookle数据，根据这些数据，搜索平台可以向单个用户进行标签设定，然后定向传播。这一特点加上百度巨大的流量，使得企业越来越看好这种广告形式。

根据百度产品手册上的信息，百度的信息流广告可以分为合约广告和竞价广告。合约广告的合作形式主要是按时间付费（CPT）、每千人成本（CPM），这一类广告对企业来说主要是起到品牌宣传的作用。在这种形式上，用户与企业之间的互动较为简单，主要是用户在搜索平台上进行企业信息的浏览，用户如果对信息感兴趣或者产生需求则会进行点击。企业和平台之间通过约定的付费方式，或者按照时间，或者按照展示进行合作。企业在这种广告形式进行投放主要是看中平台巨大的影响力。竞价广告的合作形式主要是按点击付费（CPC），即企业按照用户在平台上的点击向搜索平台进行付费。因此，这种合作对于企业来讲能够带来更加精准的投放效果，对于绝大多数的中

小企业来说，这种投放形式在营销过程中具有重要价值。

合约广告和竞价广告是目前百度信息流广告的主要组成部分。对企业来说，合约广告操作起来透明度相对较低，更适合于整体的品牌传播，适合于较有实力的大企业。而竞价广告则比较透明，能够让企业看到投资与收益之间的回报问题，中小企业对这种形式较有兴趣。在互动性方面，合约广告的互动性往往弱于竞价广告。竞价广告的合作形式主要是CPC，因此要靠利益、特色等方面来吸引用户的点击，而合约广告往往更注重企业品牌形象的传播，因此在吸引用户的点击方面不如竞价广告。

三、展示广告：在用户既有搜索的基础上持续影响用户

百度搜索平台上依然有大量的展示类广告，例如网盟。网盟，顾名思义，即网站的联盟。搜索平台上有大量的用户，掌握了用户的需求，就可以与用户登录的网站进行合作，与诸多网站之间进行资源的共享。企业可以在网盟上进行广告投放，在与搜索引擎达成协议后，用户在登录搜索引擎联合的网站时，会有较为精准的广告对用户进行投放。

如果说关键词广告是用户主动寻找企业的话，网盟则相反，是企业主动寻找用户。当然，这种寻找并不盲目，而是建立在用户以往的搜索基础上。尽管搜索是用户重要的网络行为，但用户在网络上还有大量的其他行为。例如，除了搜索，用户还可以在网上进行浏览、社交、娱乐、购物等多种行为。这些行为都会在搜索平台上留下痕迹，这些痕迹则有助于企业更好地去了解用户。

网盟展示是在用户出现的地方进行企业的精准、多频次的主动营销。百度有着60多万家的联盟合作网站，因此用户在网络上不同的页面之间浏览时都有可能看到企业推送的营销信息，从而在一定时间内对用户进行持续地信息强化。而且，所推送的信息多为与用户以前搜索结果有关的信息。因此，网盟实际上是利用了用户在搜索平台上的搜索，让一次的搜索行为在后续的网络行为中持续发挥价值。

在互动方面，网盟和关键词广告也有明显的差别。例如，对关键词广告这种

形式来说，用户一般是根据自己的需求主动进行搜索。而网盟这种形式，首先是一种展示广告，但是这种展示广告不同于传统网络中的banner广告，而是建立在用户以往搜索基础上的展示，用户在百度平台上就某个关键词进行搜索后，这一行为将被记录下来，并成为向用户进行下一步广告推送的基本依据。因此，关键词广告基于用户积极搜索，比较主动。而网盟广告则是基于用户的需求进行的精准性广告，给用户一个吸引力，吸引用户主动去点击、浏览该广告。网盟推广在收费上采取CPC的方式，即用户点击才收费，而用户看到了信息但是没有点击并不收费，因此，对于企业来说，是一种较为理想的营销模式。即使用户没有点击行为，并不代表没有广告效果。这样企业往往获得了大量的展示机会，但是并没有费用的支出，这对于企业提高营销费用的回报率有较大价值。

四、社交产品：基于互动主体之间分享的互动产品

百度在搜索的基础上还提供了大量的社交产品。例如百度贴吧、百度知道、百度百科等，也成为企业和用户、用户与用户之间进行互动的平台。整体来看，目前的互动主要集中于点击、浏览这类传统的方式上。随着技术的推进和消费者需求的提高，一些新的互动方式被开发出来，并进行了一定范围的应用。例如通过语音、识图、AR等方式也可以开展互动。

上述几个社交产品主要是提供信息的分享。对于信息的分享，在一定程度上来说是人的本性。这也是社会交往和人际关系构建的必然。基于用户手中的社交产品，用户和用户之间的互动首先可以直接通过微博、微信进行互动。当用户在搜索平台上搜索到对自己有用的信息时，如果感觉到这一信息对于其他的同伴也有一定的价值，此时用户会利用社交软件中的分享、转发等功能，将这一搜索的信息进行更大范围的扩散。此外，用户和用户之间的互动也可以通过上述社交产品展开。用户和用户之间的互动变得非常频繁，在一定程度上而言，用户进入这些社区的目的一是进行浏览，寻求与自己相关或者对自己有用的信息，或者为了娱乐，二是与更多的其他真实的用户进行互动。例如百度贴吧中的用户和用户之间的交流。任何一个用户都可以发起相关的话题，或者回

答相关的问题。作为贴吧的注册用户，可以非常方便地看到提出的相关问题，并进行回答。这样用户和用户之间就有了交流的平台。二者之间的交流对于企业的营销至关重要，以往基于用户和企业之间信息不对称的状况会得到较大程度的改善。用户和用户可以在这个平台上进行一对一、一对多，甚至多对多的交流与沟通。一个用户的不满意往往会在短时间内到达更广范围的用户，作为企业不得不重视这种高度开放的环境。

企业利用这类社交产品与用户之间开展互动也成为一种重要的营销方式，这样实际上提供了一个企业和用户沟通的新平台。也有些企业为了实现自己的经济利益，控制这些社交产品，例如贴吧，企业可以在里面进行信息的控制和引导，使得信息的传播更利于企业自身。例如百度贴吧中的医疗类曾经被许多莆田系的民营医院实际控制，这样一来，某些特定的贴吧实际上成为个别医院控制的小社区，本来是用户之间进行交流的贴吧实际上被人为控制。用户看到的大量信息实际上是出自控制者之手，或者说经过了控制者的把关，使得用户和用户之间的互动朝着企业利益最大化的方向发展。这种互动的结果往往是企业在短期内会有大量流量的涌入或者交易行为的发生。但是如果这一系列行为是企业策划的结果，而用户并没有得到满意的产品或者服务，对长远来看，用户会对企业产生大量负面的评价。自然，作为互动的平台也难辞其咎。结果就是短期平台可能会给企业引来巨大流量，企业短期受益，而用户的利益受到了损失。最终，用户认为搜索平台与企业沆瀣一气，或者并没有起到应有的监督或管理作用，从而使得用户对于平台产生消极的认知。因此，作为搜索平台，追逐商业利益是其运营的重要目标，但是也必须平衡好企业、消费者之间的利益关系，不应该唯利是图，置社会责任于不顾。

可见，在搜索平台上，多个互动主体彼此之间都会开展一定的互动活动。但是，各类互动之间并不是平行的或者平等的。各类互动中，企业和用户的互动是核心，这也是企业进行搜索营销的重要目的，企业希望用户能够与其积极互动，以便更好地了解和认识企业。而用户和用户之间的互动则尤其被企业所看重。如果二者之间的互动是积极的，是有利于企业的，企业往往会鼓励其发展，甚至进行积极引导。而如果二者之间的互动是不利于企业的，企业此时往往会通过一定的手段进行干预，以防止产生更大的破坏力。

第三节　搜索营销互动机制研究

企业通过媒介对用户进行产品或服务的营销，用户通过企业的产品或服务满足自己的需求，搜索引擎这种方式可以将二者高效连接起来。用户与搜索引擎的互动主要是通过"输入—输出"的形式展开的。用户根据自身的需求或爱好在搜索引擎上进行输入，实施搜索行为，搜索引擎将背后大量的信息储备输出到用户面前，用户从大量的储备中选择出适合自己的部分，从而完成一个阶段的互动。用户与搜索引擎的互动背后是用户与企业的互动，是用户需求与企业储备的互动。二者之间能够进行互动，一个是基于对需求解决方案的搜索，一个则是基于对需求的满足。二者之间的关系通过用户和搜索引擎的互动体现出来。

笔者搜集了近年来搜索营销的35个典型案例，选择这些案例主要是基于以下两点考量：一是这些案例中的企业开展了搜索营销，具有较高的行业影响力；二是这些案例代表了与我们日常生活密切相关的各类行业。从案例来看，搜索营销的发起者涉及多个行业的不同企业，搜索营销在多个行业进行了广泛应用。例如金融、汽车、食品饮料、航空服务、旅游、影视等不同的行业纷纷采用搜索营销这种营销形式，表3-2对这些案例进行了梳理。

上述这些行业为什么积极使用搜索营销这种营销方式呢？根据对于上述案例的分析和梳理，笔者认为主要在于搜索这种方式可以直接连接用户需求。用户使用搜索引擎可以满足多方面的需求，具体来看又分为了解品牌、体验乐趣、体验成就、实施购买等。而这几类需求对使用搜索引擎这种营销方式的企业来说具有重要意义，或者传递品牌信息、传播品牌形象，或者增强用户的体验，或者直接达成销售，这对于企业来说显然具有重要的传播或销售价值。因此，企业纷纷使用这种方式开展品牌的营销活动。

表3-2 35家代表企业及其所属行业

行业	企业	行业	企业
食品饮料	雀巢奶粉	美妆	兰蔻
	统一		哎呀呀
	安满奶粉		雅诗兰黛
	可口可乐		
	美汁源	建材	立邦漆
			晨阳水漆
汽车	奔驰	航空服务	国航
	马自达		美联航空
	海马福美来F7	旅游服务	广之旅
	宝马MINI		黑河旅游
	BMW1	商务服务	摩天轮票务
金融	唐小僧		九九八航空票务
	i邦银行	电子产品	vivo
	平安车险		联想小新Air笔记本
电商	亚马逊	房地产	上上城
	唯品会	影视	《变形金刚4》
	京东		
餐饮	海底捞	互联网服务	滴滴
演艺	国家大剧院	母婴	美兰湖月子会所

本节的研究主要是基于对上述35家代表企业从不同的维度进行梳理，表3-3是上述案例梳理中的一部分，本节的研究主要从营销诉求、互动元素、互动特征三个维度进行了整理，并在此基础上进行分析。

一、企业营销诉求呈现多样化，信息传播与促进销售居于核心

本节将企业的营销诉求主要分为传递品牌信息、实现销售、与用户互动、传播品牌形象等，其分布可以通过图3-4体现出来。企业在实施搜索营销活动时，大多时候有着多元的营销诉求，比如为了传递品牌信息、与用户互动，同时还可以达成产品的销售，也就是说希望通过一次营销活动达成多元的营销目的。

表3-3　本节案例的分析框架

品牌名称	营销诉求	互动元素	互动特征
	传递品牌信息/传播品牌形象/产品销售/用户互动/其他	关键词/网页/图片/动画/其他	
哎呀呀	传递品牌信息；产品销售	关键词	全方位；了解政策
美联航空	传递品牌信息；在消费者形成机票购买决策前就与之充分互动	关键词	决策前充分互动
兰蔻	传递品牌信息；用户互动	关键词、品牌专区、关联广告	直接、简单、形式多样、线上线下相结合
统一	危机公关，有效抑制负面信息传播	关键词、网页、官方声明	及时、精准
上上城	传递品牌信息；产品销售；与目标用户的互动	关键词、网页、图片、精准广告、关联广告	简单、直接、精准、关联、拦截对手
立邦漆	改善品牌在网络上的口碑，传播品牌形象	关键词、图片、官网、地图	将线上与线下结合起来
平安车险	传递品牌信息；产品销售	关键词、网页、车险计算器	迅速、精准吸引用户
奔驰	和用户互动	关键词以及品牌专区、关联广告、精准广告等各类广告形式	直接、关联、精准
九九八航空票务代理公司	传播品牌信息	关键词	直接、简单
雀巢奶粉	传递品牌信息	关键词、网页、热点问题	与社交媒体结合、精准沟通用户
BMW1	传递信息	关键词、品牌专区、捷径形式报名	直接、简单
唯品会	传递品牌信息；产品销售	关键词	简单、直接
国航	传播品牌形象；产品销售	关键词、网页、网盟、品牌专区	关联、精准、直接拓展客户

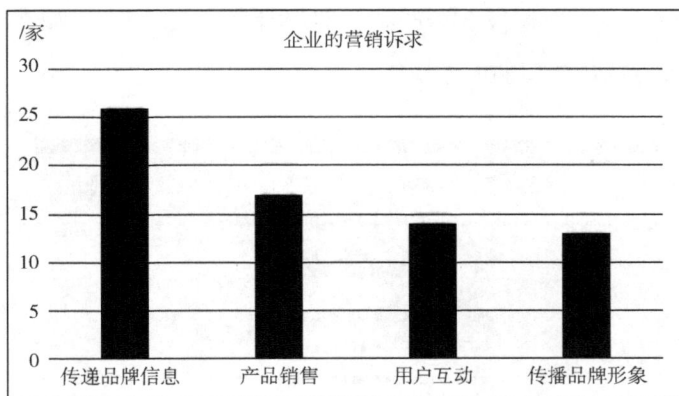

图3-4　搜索营销类案例中企业不同的营销诉求的数量

　　统计可见，尽管上述案例中的企业分布于不同的行业，但是可以看出不同行业的企业在营销的诉求方面有很大的相似性。在35家企业中，在营销诉求方面，总体来看有传递品牌信息、传播品牌形象、产品销售、用户互动等多方面的需求，而在某些方面又呈现高度集中的特点。例如，35家企业的案例中，企业明确提出希望通过搜索营销来传递品牌信息的有26家。实际上，即使案例中没有明确要求传递品牌信息，这一功能自然也是包含在企业的营销目的之中，传递品牌信息是企业营销活动的基础。因此，通过搜索营销进行信息的传递可以认为是所有案例中企业共同的营销诉求。

　　在企业的营销诉求中，希望通过搜索营销实现产品销售的功能位居第二。在35个案例中，16家企业希望通过搜索营销这种形式直接达成用户的购买。搜索引擎将用户和企业实现即时连接，由此带来企业和用户之间的互动，双方之间可以咨询与解答，在此基础上实现产品的销售。奥格威说过，我们的目的是销售，否则便不是做广告。营销互动的根本目的往往是和企业销售联系在一起。企业和消费者在搜索引擎上的互动，可以传递企业信息、传播品牌形象，但是其根本的目的也是希望达成即时或者未来的销售。在消费者进行搜索的基础上，达成购买自然是企业希望的更高级的互动形式。上述案例中上上城为了楼盘的销售，开展了搜索营销，带来了用户的积极互动，不仅实现了网站较高的访问量，还使得用户积极购买产品，实现清盘。图3-5上上城在百度上开展的搜索营销行为就是典型的促进销售。

图3-5　上上城的搜索营销案例

上述案例中，14家企业的营销诉求是通过搜索营销实现和用户之间的互动。传统的单向式营销方式其营销效果越来越差，将用户吸引过来参与到互动中才能使得用户更好地认识企业、了解企业，进而认可企业。因此，越来越多的企业将与用户之间开展互动作为重要的营销目的，互动的方式具有多样化，既有消费者对于搜索引擎展示网页的浏览，又有在此基础上利用社交媒体在用户之间的沟通，还可以在此基础上达成购买行为。因此，企业希望通过搜索营销开展全方位的互动，使得用户更好地了解企业，企业更好地了解用户，二者之间达成一种可持续的高效互动。

希望通过营销来传播品牌形象的企业有13家。品牌形象是影响消费者认知和购买行为的重要因素，因此，企业纷纷在品牌形象的传播方面进行积极投入。在传播品牌形象方面，企业既可以传递良好的形象，又可以通过和消费者互动来修复自己的负面形象，重建用户的信心。例如，2009年，"统一"开展了恢复品牌形象的搜索营销活动，主要是针对当时"统一"的不良信息，海口市工商局2009第8号商品质量监督消费警示不合格名单中显示"统一"生产的蜜桃多汁总砷超标（表3-4），这一信息严重影响了品牌的销售和消费者的信心。

表3-4　2009年海口工商局商品质量监督消费警示不合格名单

生产企业	产品名称	生产日期	规格	不合格项
农夫山泉广东万绿湖有限公司	30%混合果蔬	2009-6-27	500毫升/瓶	总砷超标
农夫山泉广东万绿湖有限公司	水溶C100西柚汁饮料	2009-8-16	445毫升/瓶	总砷超标
统一企业（中国）投资有限公司	蜜桃多汁	2009-8-22	250毫升/瓶	总砷超标

在此情况下，"统一"利用了搜索营销与消费者展开了互动，修复自身的品牌形象。社会大众不论是不是"统一"的目标消费群体，在得知"统一"的传言后，往往会通过搜索引擎去了解事件的原委。这样，搜索引擎自然成为企业和用户进行互动的平台。当用户在搜索引擎中搜索"统一"时，与搜索引擎展开合作的"统一"将相关的信息进行了有效的引导。例如，消费者在网上搜索"统一"或者"砒霜门"等关键词时，网页上会出现"统一饮料超标事件官方声明"。在林林总总的信息中，这一条信息处于页面的核心位置，容易吸引用户的眼球，加上又是官方声明，自然是较为权威的声音。通过这种方式，企业让消费者了解事情的真相，进而改变消费者的认知和行为。这样企业和消费者在搜索引擎上的互动在一定程度上实现了品牌形象的修复。

除了上述占比较多的企业的营销诉求外，还有一些其他方面的营销诉求。例如，有些企业开展搜索营销是为了寻找加盟商，扩展自己的营销网络，进而产生更大的影响力，此时展开的互动不是和消费者之间的互动，而是和各类代理商展开的互动，从最终的目的来看，也是为了更好地与终端消费者进行互动。整体来看，尽管不同的企业营销的诉求表现出一定的差异性，但是传递品牌信息和扩大销售是两个核心的营销诉求。

二、互动元素：基于用户搜索的全方位信息传递

从互动的元素来看，企业和用户二者之间主要是围绕着以下要素展开互

动：关键词、网页、图片、文字、视频等，它们是大部分案例中必不可少的互动要素，尤其是关键词、网页、文字，这与搜索营销自身的特点密不可分。

代表用户需求或爱好的关键词是搜索营销这种方式的核心要素，企业和用户之间的互动从根本上来说是围绕关键词展开的，二者之间在搜索引擎上的互动主要是通过关键词这种形式展开，关键词将用户需求和企业提供的产品和服务连接起来。用户将关键词输入搜索引擎后，搜索引擎会展现出以网页、图片、动画等不同的表现形式，这些形式从不同角度来对企业提供的产品或服务进行说明。没有关键词，就没有搜索营销模式下企业和用户之间的互动。网页和图片、文字等成为搜索营销的重要因素，搜索引擎会在用户输入关键词后，引导用户进入相关的网页。网页上以图片、文字等形式全方位展现企业或产品的信息，从而使得企业的营销诉求和用户的互动目的相对接。

不同行业的企业结合自己的实际，进行多种元素的选择和搭配，以实现和用户更好的互动。除了上述这些主要的互动元素外，不同企业结合自身特点，设计了一些具有特色的互动元素。例如平安车险的车险计算器，让平安车险和用户之间通过车险计算器计算保险的费用联系起来。用户在对车险的计算过程中完成了一次和企业的互动，并且提供了真实的个人信息，方便企业与用户后期深入互动。"统一"企业为了开展危机公关，扭转品牌形象，使用官方声明这种方式和社会大众之间展开互动。滴滴为了拉近与用户之间的情感距离，创立新词，使得新词成为企业和用户之间进行互动的要素。可见，除了大部分企业使用的互动元素外，企业可以结合行业特点和企业自身状况，开发多样化的互动元素，吸引用户积极参与互动。这些创新的互动元素由于其个性化或趣味性往往会取得普通的互动要素难以达到的效果。因此，为了更好与用户之间展开互动，企业应该在互动的要素方面积极创新。

搜索营销这种模式通过用户和搜索引擎的互动，有效连接了用户需求和企业储备，配合相应的互动元素，向用户全方位传递了品牌的信息，对于用户对品牌的认知和购买具有重要意义。

三、互动效果：传播效果与销售效果并重

从对案例的梳理来看，上述案例在实施过程中，企业和用户之间的积极互动取得了好的效果，整体效果可以从传播效果和销售效果两个层面来看。从传播效果来看，一般会表现为搜索量、曝光量、点击量、阅读量等指标的上升。例如，以广之旅为例，在百度开展搜索营销后，搜索量迅速提升，搜索营销流量占比从5%上升至37%，提升了近8倍。兰蔻在百度开展搜索营销后，为兰蔻网络商城带来了许多高质量的流量，为后期的销售打下了基础。从销售效果来看，主要表现为订单量与销售额等指标屡创新高。仍以上述广之旅和兰蔻为例，开展搜索营销后，广之旅的订单数占比从8%上升到35%，兰蔻的销售额提升了30%。

可见，大量的企业通过搜索营销这种方式，选取合适的互动要素，以消费者的需求为基础，采取相应的策略，取得了理想的传播效果和销售效果，成为搜索营销领域的典范。

从对上述案例中营销诉求、互动元素、互动特征、互动效果等多个层面的分析可以看出，搜索营销主要是用户与搜索引擎之间基于用户和企业双方需求的互动，在互动过程中，一系列的互动元素得以采用，最终往往取得传播与销售的双重效果。

第四节　关于搜索营销的思考

一、搜索营销的本质：基于用户既有需求的精准营销

一直以来，广告界有一句至理名言，"我知道我的广告费有一半是浪费了，但是我却不知道浪费的是哪一半"。这里所谈到的浪费，其实和广告的不够精准有重要的关系。也就是说企业的广告会覆盖许多目标人群，但是里面有

相当一部分却不是企业的目标客户群，这部分人既然不是企业的目标客户，广告到达他们就没有意义，因此浪费了部分广告费用。这种观点是值得商榷的。显然，如果给定企业一个特定的人群，这个人群全部是企业的目标用户，这样再进行营销活动就会大大提升营销的精准性，甚至完全可以做到基于不同的目标用户实施不同的营销，做到一对一的精准营销。但是，企业在进行营销活动时这种概率是极低的。另外，营销的效果往往具有延迟性，营销的信息对于用户产生认知、情感等方面的影响也是一种效果，用户今天不是目标消费者，但是如果受到了营销信息的影响，一段时间之后成为目标消费者，同样可以说明营销的效果。

传统营销模式下，企业通过媒体向一大群具有相同特征的人群进行信息的传递，但是并不是所有人都是该企业的目标客户，企业信息最终到达的消费者可能只占很小的一部分，消费者对于信息主要是接收和记忆。造成这种现象的根本原因在于，传统营销模式下，受到技术等多方面条件的制约，消费者基本是处于一种被动的状态，往往在大众媒体的影响下选择大众化的产品来满足自己的基本需求。企业通过在媒体上进行多次、高频的广告传播从而使得企业具有较高的知名度，可以带来好的销售效果。

而搜索营销模式下，用户的搜索行为则是一种主动、自我的状态，自身的个性化需求被唤醒。用户在进行搜索之前，一般都有了特定的需求。这种搜索行为基本能够反映用户的真实需求，这对企业来说自然有很大的商业价值。此外，搜索行为的结束并不意味着商业机会的结束。如上所言，用户的搜索反映的是自身较为真实的需求，这种需求可能是即时的，可能是延时的。搜索平台由于掌握了用户的cookie数据，因此，可以与用户后期的其他网络行为进行互动。例如，用户后期在其他网站上浏览时，尤其是百度网盟的成员，企业的相关信息依旧会推送给消费者。让用户一次的搜索行为成为一个长期的商业机会。这种搜索技术已经得到了大量的应用。网盟进一步深入挖掘关键词广告的价值，使得用户在搜索行为后的一段时间内，浏览其他的网站时，企业继续对其产生影响。因此，在一定程度上来说，网盟是关键字广告的补充和延伸，让基于对用户情况的判断在一个更长的时间和更广的空间继续发挥作用，对于企业的持续营销具有重要价值。

从用户的视角来看，这种相对精准的推送方式有其自身的价值，既然提供的是精准的信息，那可以节省用户大量的思考和行动的时间，带来很大的便利性。这对于现代社会较为忙碌的人群具有重要价值。但是，任何问题都有两面性，企业在向用户进行信息的精准传递的同时也带来了一定的问题，例如对于用户隐私侵犯的问题，对于用户打扰的问题。许多用户坦言有类似的经历，用户在搜索平台上对某一类产品或者某一品牌的搜索后很长一段时间里，甚至用户已经通过网络进行该产品的购买，但是企业仍会继续向消费者进行相关产品的推送。此时的信息推送在很大程度上已经不能称为精准，甚至可以说是一种骚扰。这样会大大降低用户的体验，这也是单纯的机器算法带来的问题。因此，在向用户进行推荐时，除了机器算法之外，还应该加入更多的维度，比如人工的控制问题。这样使得单纯的机器算法带来的问题可以在一定程度上得到缓解。

搜索营销的精准性是很大的优势，也为许多企业所看重。但同时我们也应该看到，搜索营销的精准还应该与其他大众媒体的规模进行适当结合。有时候过于小规模的精准并没有太大的商业价值，建立在一定规模上的精准才应该是企业追求的目标。

二、搜索营销的运作机制：信息的需求与提供

我们在前文看到诸多要素之间基于多种形式展开了互动。在纷繁的现象背后，诸要素之间为何互动频频？其运作的机制是什么？笔者认为主要是信息的寻求与提供。用户主动展示自己的信息需求，主动进行搜索，搜索的过程实际上是将自己的需求在平台上展示给企业的过程。搜索平台针对这种需求提供大量的方案，能够满足用户需求的企业信息则会在搜索平台上进行集中展示。

如前所述，互动是一个古老的行为，人类社会诞生之后，人类之间就有多种形式的互动。就商业而言，商业中的互动也是由来已久。但是为什么今天商

业中的互动变得空前活跃且频繁，根本原因在于建立了一个具有高度互动性的网络平台。多个要素、主体之间都可以随时随地与其他主体畅所欲言，从而使得信息不对称的状况大大缓解。商业的核心在于需求与满足。而搜索平台上多个要素之间的互动可以在需求与满足这两个主要环节进行展开，一方利用搜索平台进行信息的搜索，一方则提供满足其需求的信息。

信息给予用户安全感、实用性，既然特定的信息往往会满足用户在某些方面独特的需求，因此基于信息获取的便捷性，用户往往会在搜索引擎上进行信息的搜索与获取。通过搜索，用户可以了解某一信息，可以寻找需要的商品。这一过程结束，用户的信息需求得以满足。因此，用户乐于在搜索引擎上寻找信息，满足需求，企业也必然会追寻用户青睐的平台。用户和企业在搜索平台上进行的信息的搜寻和提供需求共同推动着搜索营销的发展。

三、搜索营销带来的问题与应对

整体来看，搜索营销市场呈现明显的"中心化"的趋向。海量的企业、海量的用户汇聚在几家互动平台上。就中国目前来说，搜索平台主要由百度、360、搜狗等几家构成，而百度又一家独大，占据了搜索市场89%的市场份额，呈现明显的垄断状况。企业开展互动营销，百度几乎成为一个绕不开的平台。因为数以亿计的用户已经习惯于通过百度进行各种信息的搜集，尽管近几年受到其他竞争对手的挑战以及用户网络行为变化的影响，但是其在搜索领域的地位仍无法撼动。搜索营销存在以下一些问题：

1. 如何平衡商业利益与社会责任

商业利益是根本，但是社会责任必须兼顾。能力越大，责任当然应该越大。企业有时会不断犯错，可以归纳为社会责任感不强。但是最根本的却是惩戒机制不健全，惩戒力度不够大等问题。

我们不能简单地将企业在这些问题上不断犯错和良心问题结合起来。而应该看到惩戒机制的不完善和惩戒力度过小，从根本上导致企业曾经置社会责任于不顾，单纯追求经济利益最大化。

2. 如何进一步完善竞价排名的商业机制

单纯的竞价排名机制必然导致客户故意抬高价格，从而增加了运营成本。而更大的问题在于，一些不法商家会利用这一规则，想方设法将自己的企业排在最前面。这将会导致更多的用户选购不法商家的产品或者服务。企业对广告的排名除了考虑出价外，还有其他的因素需要考虑，例如内容的相关度和广告的质量都会是考虑的因素。应考量综合性因素。单一维度的标准会导致企业在运营过程中反复出现问题。如何进一步完善竞价排名的商业机制是以百度为代表的搜索企业需要持续思考的问题。

第四章　社交营销：引发用户与用户的互动

第一节　社交营销的要素

一、社交营销的特点

（一）社交及其变迁

马斯洛需求层次理论将人的需求分为生理的需求、安全的需求、社交的需求、尊重的需求、自我实现的需求。社交需求处于中间位置，其底层是生理需求和安全需求。换言之，只要人解决了生理方面的需求，又能保证一定的安全性，社会交往的需求就会产生出来。今天，对每一个个体而言，社交的需求基本成为一种刚性的需求。当前一个重要的变化是随着网络媒体的发展，尤其是社交媒体的巨大变化，人们的社交活动大量地由线下转移到线上。

社交，顾名思义，就是社会交往。人与人之间的社会交往是个人生命过程中的重要组成部分。社交行为不是新事物，应该说自从人类社会诞生，人与人之间出于消遣、利益等多种原因，就有了人和人之间的社会交往活动。

人从一出生就处在家庭的社会关系中，与家庭成员进行交往，与家人之间基于血缘形成一种亲情关系。后来进入学校，又有了自己的同学关系、师生关系，与老师和同学进行交往。踏上工作岗位之后，人们又建立了自己的同事关系，在社会上有了自己的朋友关系，与同事、朋友进行交往。这一系列关系的形成是一个线性过程，有着先后顺序。但是社交媒体如微信改变了这种线性的流程，让人们在建立上述关系的过程中，同时建立了更加复杂的社会关系，与更多的各种特征的人进行交往。人们在建立同学关系的时候也会基于自己的兴趣爱好建立新的朋友关系，而这些朋友中可以包括未来的老师或者同事，也完全可能是没有任何关系的陌生人。人们可以在上述的任何阶段，基于自己的兴趣、爱好建立新的圈子，形成新的圈层。即使是生活在同一个环境中的两个人，由于自身的不同，自身形成的圈子也会有很大的差异。而人一旦成为一个圈子的成员，必然或多或少受到这个圈子的影响。

人和人之间的社交活动经过了一个漫长且复杂的过程。从媒介工具的视角来看，最初人和人之间的社交主要是双方之间面对面进行语言或者符号等多种形式的沟通。这一过程占据了人类社会相当长的一段时间，是人与人之间交往的主要形式。19世纪，随着电报、电话等通信工具的出现，人与人之间可以借助某一介质，在同一个时间、不同空间进行远距离的社交活动。借助媒介工具进行的交往拉近了人与人之间的距离，让双方之间可以跨越时空进行，使得人类的交往活动进入了新阶段。

20世纪中后期，随着技术的发展以及网络媒体的出现，人和人之间的交往出现了新的介质。从理论上来讲，这一介质可以让任何人利用网络与他人进行即时或者延时的处于不同空间的交往。也就是说，互联网使得任何人之间的社会交往可以跨越时间和地点，随心所欲地与人进行交往。随着网络技术的发展，互联网提供了多样化的社交产品，例如QQ、博客、微博、微信等。不同的社交产品自身的逻辑和特点存在差异，因此用户在使用不同的社交产品时，社会交往的表现形式与特点也会存在差异。以近年来社交媒体的典型代表微博和微信为例，二者是当前用户在网络上进行社交的重要方式，但是二者在用户社会交往时表现出不同的特点。

1. 二者在社会交往的广度和深度上各有侧重

微博主要是一种一对多的传播方式，类似于电视、广播等大众传播的特点，在传播的广度上具有很强的优势。博主发出的信息可以瞬间到达关注他的所有用户，因此可以在短时间内与更多的用户进行交往，解决传播的范围问题。利用微博进行社会交往，博主可以开展一对一的沟通，也可以进行一对多的沟通。而微信则实现了互动双方之间的深入交流，通过微信进行的交往如同现实生活中的两人进行面对面的交谈，更强调一对一的对话，显然这种传播在深度上具有优势。当然，微博上有一对一的沟通，微信上也有一对多的传播活动。整体来看，微博与微信在用户社会交往方面，一个侧重交往的广度，一个侧重交往的深度，可以说二者之间形成了很好的互补关系。基于这一点，许多企业在进行营销传播时，往往会把微博和微信两种工具进行协同使用。

2. 微博主要起到告知作用，互动性弱，而微信双方之间互动性较强

作为微博，用户之间可以是熟人关系，也可以是陌生人关系。只要一方要求对另一方进行关注，就可以随时收到对方即时更新的信息，也就是说进行单方的关注。在微博上，许多人会对名人、各个领域的KOL形成关注。基于这种特点，名人、KOL是企业进行微博营销的重要资源。例如，微博大号拥有巨量的粉丝数。这些微博大号的影响力对于短期内提升大众化产品的知名度、影响力意义重大。微信是典型的双向互动关系，微信上的双方主要是熟人关系。最初，双方之间大部分是基于手机通讯录中的电话号码或QQ而成为好友，建立起一种网上的社交关系。在后期的版本中，开始加入部分陌生人关系，例如通过搜索附近的人或者"摇一摇"等功能进行好友添加。但是双方之间要在微信上进行互动，前提是一方进行申请，另一方须通过申请。如果无法通过则不能关注对方，自然无法开展下一步的互动。而双方之间成为好友之后便可以随时随地进行沟通。这种特点就使得用户的行为很容易影响到微信圈中的好友，同时也受到好友的影响。

（二）社交营销的变迁与动因

1. 关于社交营销

社交营销，主要是基于社会关系开展营销活动。基于这样一个理解，社交营销不是新事物，过去通过找到人群中具有影响力的人，让其帮助向更多的用户推荐产品也可以认为是社交营销。而本书所谈的社交营销主要指的是在网络上尤其是社交媒体上开展的基于社会关系的营销活动，例如在微博、微信、

QQ空间、论坛等开展的营销活动。

市场上存在着买方和卖方，买方需要通过商品的购买满足自己的需求，卖方需要通过将商品销售出去得到一定的利益。但是二者之间由于时间、空间上的不同步等原因导致信息不对称，往往无法达成顺利的交换。营销是买卖双方的连接器，主要解决二者之间的"交换"问题。卖方可以通过不同的营销策略向买方进行信息的传播。例如在社交媒体上进行信息发布，传播关于产品有趣的信息，通过影响部分核心用户，让核心用户帮助进行信息传播，通过"病毒营销"让用户和用户之间互相传播，从而短时间内能达到更广的传播范围，扩大产品的销售区域等。

在最初阶段，人和人之间面对面的交流这种社交行为基本上和营销没有太大的关系，有时候，个体和个体之间会口口相传，比如讨论产品的优缺点，或者自己的使用感受等，这些内容会影响到企业的营销。人和人之间的口口相传的一个重要特点是处于同一时间、同一空间下。从卖方的角度来看，卖方希望利用买方之间的口碑传播，让买方向更多的消费者传播有利的信息。但是显然这种方式存在着影响范围极小、效率极低等问题。

随着技术的推进，通信工具被发明出来并在实践中得以运用。人和人、买方和卖方之间的社会交往进入了新的阶段。以后者为例，买方和卖方之间的距离被通信工具迅速拉近，二者之间的互动变得高效。在没有通信工具之前，二者之间的远距离交流极为困难，而通信工具被发明出来之后，即使不在同一空间，买方可以借助电话等中介工具及时与卖方进行沟通，实现双方之间的信息交流。这一阶段与上一阶段相比，随着技术的进步，二者在互动方面有了显著的突破。当然，限于成本以及便利性等问题的制约，买方和卖方之间的互动仍然有很大的空间。整体来看，前两个阶段，社交和营销之间没有建立起密切的关系。

2. 社交与营销的结合

而进入互联网时代，随着网络技术的发展以及用户自我意识的逐渐增强，这一时期的社交和营销之间建立起了密切的联系，主要原因是用户和用户之间的相互连接具有重要的营销价值。

彭兰教授提出，互联网的第一要义是连接。这一连接涉及人与人、人与产品、人与服务等多个层面。社交网络通过不同的平台把一个个作为个体的人连接在一起，既然任何人都有可能借助各类社交产品与他人建立连接，一个用户的行为自然很容易影响到其他的用户，也就是用户对用户进行传播，当这种传播经过一个圈层传播到更多的圈层时，很容易在短时间内产生一种裂变效应。这是企业高度认可的一种传播方式。以往虽然也有用户和用户之间的传播，但是基本上都是基于口碑，在传播的速度、影响的范围等方面无法和社交媒体上的用户和用户之间的传播同日而语。而且，这种裂变效应是可以引导的。以往的口口传播是在一个相对封闭的空间中，对其进行引导难度很大，双方之间传播的内容主要是对于产品的真实感受。作为互联网时代的企业来说，社交媒体将用户连接起来，企业可以创造适合社交媒体上进行传播的内容，在互联网这个高度开放的平台上引导用户对用户主动传播。因此，用户和用户之间基于社交媒体上的连接对企业具有重要的营销价值，企业自然会重视社交营销这种传播方式。

六度空间理论又被称为小社会理论，指的是我们任何一个人和陌生人之间不超过六个人就可以相互认识。也就是说，从理论上来讲，一个人很容易和别人建立连接，既然如此，一个用户自身的体验、感受就可以通过网络这一开放的平台进行传递。通过社交网络，人和人之间进行了有效连接，用户在社交网络上的时间越来越长，当社交网络形成一定的规模时，商业的跟进水到渠成。作为企业层面，自然希望用户好的感受和体验能够为更多的用户所知晓，从而影响到更多的用户，社交营销是一种很好的承载形式。

通过上述分析可以看出，社交与营销的结合具有一定的必然性。在开展传统营销的基础上，许多企业也对社交媒体的营销方式进行了积极探索，不少企业在品牌的推广上取得了好的效果，影响了一大批粉丝，制造了一系列的经典案例。例如杜蕾斯在微博上的实践成为微博营销领域的现象级事件。从下雨天鞋套事件到社会重大热点事件的及时跟进，吸引了大量的用户关注杜蕾斯的微博，并在微博上进行积极转发和评论。整体来看，社交营销成为当前企业营销战略中的重要组成部分。

网络上的社交媒体随着网络技术的发展也在不断发生变化。论坛、社区、SNS、QQ、微博、微信等社交媒体随着网络技术的发展不断出现，并对企业的营销传播活动起到了重要作用。而每一种社交媒体又提供了多样化的营销产品，用户在使用这些营销产品的过程中，与企业、其他用户之间进行了多种样式、多种层次的互动活动。

笔者认为，社交营销指的是营销主体基于社交媒体开展的各类营销活动。由于用户通过各类社交平台进行了有效连接，而且许多社交平台在今天已经成为网络入口级的应用。企业如果不和这些入口级的应用建立联系，那就意味着难以接触到更多的有效客户。因此，基于社交媒体基础上的营销活动受到了诸多企业的青睐，成为当前企业开展营销活动的重要一环。

（三）社交营销：社交平台上人与人之间的裂变式营销

社交媒体自身具有用户数量庞大、用户与用户之间可以自由进行分享、社交关系的链式反应等特性，决定了社交营销具有性价比较高、裂变式传播、更可信等一系列特点。整体来看，社交营销作为互动营销的重要表现形式，具有如下几个方面的特点。

1. 社交营销是一种性价比较高的营销方式

首先，尤其是和传统的营销方式相比，社交营销自身运营成本相对较低。过去，企业的营销传播需要借助外部的媒体，媒体的费用是企业营销成本的重要组成部分。今天，企业依旧和外部媒体进行合作，但是基于社交媒体的特点，已经将社交营销作为重要的营销战略。由于用户集中于社交媒体上进行交流和沟通已经成为一种重要的生活方式，因此用户较为集中，企业要找到这部分用户相对比较简单。而且，企业本身可以通过微博、微信等社交媒体与一个个用户进行沟通，大部分交流与沟通以免费的形式进行。

企业在社交产品上下功夫，如果能够做到提供趣味、新奇或者一定的利益，完全可以吸引用户的主动关注、转发、评论，让用户参与到营销活动中，让用户更好地去感知，提升其体验感。显然，这一过程中往往没有进行传统媒体的投放那样过多的花费，这种形式如果操作得当，营销的成本会大大降低。

企业利用社交产品开展营销服务成为许多企业的营销战略。这一思路得到了积极实践。例如，2017年，肯德基为了庆祝进入中国三十周年策划了一个活动，让部分产品的价格回到1987年，让利消费者。前提是消费者要关注肯德基的微信公众号，成为其会员。活动开始三天后，活动涨粉450万，总粉丝突破1000万。通过让利，肯德基迅速让几百万消费者成为其粉丝。理论上讲，这意味着肯德基可以利用微信平台与这1000万名消费者进行直接交流与互动，而且这种交流与互动的成本极低。

其次，社交营销效果更加立体、多元。网络不仅将一个个用户通过社交媒体连接起来，同时对于深入洞察用户有着重要意义。用户被连接起来了，在此基础上用户和用户之间还可以进行深入交流和互动。而这些信息都会在社交平台上留下印记。基于社交平台上用户的基本数据以及用户内心的主动表露与行为，企业可以更加真实地去把握每一个用户，了解其需求，更好地为企业服务。社交媒体的一个优势是企业可以和用户展开深度互动，不是以往我播你看的单向式灌输，而是企业关注用户的体验，让用户和企业之间进行你来我往的双向互动。这样，用户对于企业的认知就不仅是知名度等浅层的认识，而是在互动中提升对于企业的情感认识。这时候，用户眼中的企业就不是冷冰冰的个体，而是充满个性、情感与活力的沟通对象，从而建立起多元、立体的全方位认识。

因此，社交媒体自身运营成本相对较低，而营销效果又较为理想，是一种性价比较高的营销方式，自然引起了企业对于社交营销这一营销方式的认可。

2. 社交营销是全新的裂变式营销

在开放的社交平台上，每个人都处于多个社会圈层中。在用户所属的任何一个圈层中，用户可以在一个圈层上发布信息，从而实现在这一圈层上一对多的传播，也可以接收信息，而用户接收到的信息可以经由用户之手继续向下传播。用户在一个圈层接收到的信息可以传递到用户所在的另一个圈层，而这种圈层往往不是一个。而信息传播到的圈层上有多个用户，这些用户又可以进行信息的扩散，向更多的圈层进行扩散，一条信息经过多个用户的多次转发，往往会产生巨大的扩散价值，这就是信息的裂变式传播。

传统线下，消费者和消费者之间可以通过口口相传，借助一定的手段来进行信息的传递。这种传递方式的效率极低，而且容易失真。传统营销模式下，企业主要是利用大笔预算在大的媒体传播平台上进行广告投放，从而吸引消费者的眼球。这种方式可以在短时间内到达大量的消费者，迅速提升产品知名度，但是用户体验不佳，甚至会引起反感。而在社交平台上，一个用户可以将一条有趣、有用的信息即时传递给自己所属不同圈层的众多好友，接收到信息的好友也可以将信息向其所在不同圈层的用户进行二次转发，这种转发可以持续进行下去。这样，一条信息经过多个传播的节点，多次转发，会产生巨大的影响力。尤其是信息经过大V、意见领袖等的转发，会产生极大的营销效果。

社交营销不是传统的从传播者到接收者的单向的线性营销，而是全新的裂变式营销，裂变式营销最大的特点之一在于信源发出信息后，信息的接收者会成为一个个新的传播节点，到达更多数量的用户。以此类推，经过更多节点的主动传播，信息会进行更大范围内的扩散。在这一过程中，用户的数量呈指数级增长。在整个信息传递的过程中，一旦在关键节点上有所突破，就会产生爆发性的营销价值。基于用户的主动传播和到达更广的目标客户群，社交营销这种方式成为当前诸多企业高度认可的营销方式。

3. 社交营销具有较高的精准性

社交营销的精准性，其底层逻辑来自互联网自身的特点。互联网环境下，用户行为不会随着一次行为的结束而消失，而是可以被记录、被寻址。一台电脑对应一个固定的IP，一部手机在一定时间内对应一个固定的号码，而电脑和手机的使用者在一定时间内也是相对不变的。这样网络上的使用行为实际上就和一个个用户对应起来，我们可以通过网络后台清晰了解用户的个人信息、行为、兴趣、爱好等，用户在网络平台上实际上呈现"透明"的状态。不管是最初的人和人之间的面对面交流，还是基于一定的通信工具进行的交流，在传播的效率、效果方面，均无法和互联网环境下的交流相提并论。基于每个用户背后详细的、具体的数据，企业可以与每一个用户开展一对一的营销。这是企业一直想做但是受到各种限制无法实现的，例如企业在过去如果进行一对一的营销，则意味着付出较高的运营成本，而互联网环境下则可以较为容易实现。满足个体个性化的需求在当前的消费环境下意义重大，越来越多的年轻消费者对于高度同质化的产品兴趣不大，而对于个性化，尤其彰显其个性、品位的产品情有独钟，愿意付出更高的价格。针对这部分用户，企业可以在社交平台上进行个性化沟通，不仅仅是告知产品的基本信息如功效，更要传达产品的文化、精神内涵，这些内容对用户具有更大的价值。

用户在社交平台上会留下自己的基础数据，例如性别、年龄、居住地点等。用户在社交平台上的行为构成了用户的行为数据，如浏览记录、浏览偏好等。用户的购买行为、消费偏好等也会在社交媒体上进行展示。诸多的数据在一起，一个对于用户的轮廓就可以大体描绘出来。

与传统的向一群特征不够明显的模糊的受众传播不同，企业可以在掌握清晰的用户数据画像的基础上与用户之间进行一对一的传播活动。企业如果想把营销信息传递到社交媒体上的用户，可基于对用户的多重信息进行精准传播。一般而言，企业会选取一定的维度，例如根据用户的基本特征和行为特征、性别、区域、爱好、购买频率等，选出自己的目标客户群，然后在社交平台上进行传播。而社交平台上也会针对用户的情况和具体的行为进行标签的设定。例如，微博可以根据用户关注的兴趣点、微信可以根据用户的聊天记录或搜索记录来对用户进行标签设定，企业要与特定的标签用户进行沟通，就可以与微博、微信平台进行合作。这样企业利用社交营销这种方式就具有很强的精准性和针对性。

目前的电商平台也往往和社交进行结合，电商平台进驻微博，在微信平台上开通微信公众号，成为当前电商平台的对外拓展的方式。腾讯入股京东后，京东获得微信一级入口，极大提升了用户流量。另外，与社交媒体的结合会使得电商平台获取用户更多的社交数据，对用户的了解更加全面，从而使得营销更加精准，同时基于用户的主动分享，影响更加广泛。

4. 社交营销可信性较强

现实生活中作为个体的用户会被各种网络平台联系在一起，形成与线下相似而又区别于线下的相互关系。本身在线下，用户本能地信赖身边人或者自己的亲朋好友，而社交网络将这部分人全部整合为一个新的圈层，从社交网络上看他们成为网络上用户的好友，但实际上还是线下的关系在线上的拓展或延伸。例如微信平台上用户的朋友许多为自己原来的QQ好友，或者手机通讯录中的好友，这种关系延伸到网络上，实际上依然具有线下关系的真实性。这一点不同于我们以前所谓的网络的虚拟性。用户和用户之间的关系决定了社交营销的可信性更强。微博平台也是如此，用户一般会首先关注自己生活中的朋友、伙伴，了解身边人在微博上的表现。

当然，社交网络上的好友并非都是我们的生活中的朋友，有些仅仅是在网络上进行互动的关系。如果双方之间在网络上互动较多，一方的购买行为很容易影响到另一方。而即使双方之间平时在网络上互动较少，或者没有互动，当这样的好友数量达到一个较高的量级时，他们相同的购物行为也会在一定程度上对单个的个体产生影响。

品牌在传播的过程中，用户的信任问题至关重要。企业以往的传播往往是单向式的传播，企业自说自话或者夸大其词的现象屡有发生，这使得部分用户对于营销的信息往往具有很强的排斥性。消费者看到企业的营销活动或者广告传播，往往会认为王婆卖瓜，言过其实，有夸大之嫌。而通过社交关系链进行传播的信息，基于用户以往的关系链条，用户会产生较强的信赖感，用户会认为通过好友传播的营销信息更加真实，因为这是独立于企业的一个角色对企业的评价，尤其是和企业单向发布广告这种形式相比较。当然，这种信赖感并不是对于所有朋友传播的信息都同样有效。例如用户的微信朋友圈中有许多朋友，有些是强连接，有些是弱连接，有些是用户所属群体的朋友，有些是用户仰慕群体的朋友，他们对用户之间的影响是不均等的。微博也是如此，例如，垂直领域的关键意见领袖往往会在这一领域具有较强的话语权或者影响力，能够对该领域起到引领作用，对于用户具有很强的引导性，是企业应该积极争取合作的对象，对于提升用户信任具有重要价值。

可见，社交营销具有性价比高、裂变式传播、精准度高、可信性强等特点。为什么社交营销具有上述特点，其底层的逻辑是什么，笔者认为，社交网络的连接性和人们要求分享的心理是关键。

网络将现实生活中的人在网络上进行了连接，而社交网络将我们连接得更加紧密和高效，几乎实现了社交网络上的主体之间随时随地自由沟通。用户和用户之间被社交媒体进行连接的同时，也必然伴随着信息的传递，而对用户有着重要影响的用户购买、使用产品的行为感受自然就很容易经由一个用户传播到另一个用户，甚至传播到一群用户。例如，罗永浩在微博上就西门子冰箱事件与西门子公司在微博上的论战吸引了大量的微博用户围观，用户在微博上留言、互动，纷纷站在罗永浩的一边讨伐西门子，对西门子公司形成很强的舆论压力，最终迫使西门子公司做出让步。显然，用户通过微博这种工具连接起来，形成以往单个个体无法拥有的力量，对商业的运作产生了重要的影响。

分享是人与人之间的共享活动，就个人而言，分享是人的一种天性，个人在社会交往活动中，往往希望自己的知识、见闻能够让更多的人知晓，别人的经历也可以向自己进行分享，从而使双方之间能够做到共享。互联网诞生之前，人与人之间的分享局限在一个小的环境或者圈子中，因此互动的范围有限，影响力自然有限。而互联网尤其是社交媒体的发展让用户与用户之间的分享跨越了以往空间的限制，使得人与人之间的互动有了强大的张力，几乎可以做到不受时间、地域限制与其他用户进行网络上的交流与互动。基于这种开放性的网络环境，用户自然和更多的用户连接起来，在此基础上进行各类经历与信息的分享。

因此，用户的积极分享加上社交媒体的诸多优势，使得社交营销具有上述重要特点，企业必然会青睐这种营销方式。

二、社交营销的要素：社交平台、企业、用户

社交营销以其自身的优势成为近年来企业青睐的营销方式。社交营销的开

展首先要基于不同形式的社交平台，不同的平台有其自身的特点。企业会根据目标人群的特点以及企业自己的需求选择不同的社交平台，用户在平台上进行信息的交流与分享。企业开展社交营销除了上述几个要素之外，还需要通过优质内容吸引用户在用户的关系链条上进行广泛传播。

（一）社交平台：社交营销的实施舞台

平台是一个多学科的概念，许多学者对这一概念进行了梳理。暨南大学谷虹博士认为，平台是建立在海量端点和通用介质基础上的交互空间，它通过一定的规则和机制促进海量端点之间的协作与交互。❶这一概念解释了平台的本质是一种交互的空间，海量端点在这一空间上进行交互。基于这一概念，本书将社交平台界定为网络上基于社交关系基础上的网络交互空间，在这一交互空间中，各个主体之间进行交互。这里面包含多种类型，例如电商网站的购物评价平台、专注特定领域的论坛、即时通信平台QQ或微信、基于一对多的微博或直播等，它们都是当前社交平台的重要组成部分。

互动是人类的天性。人和人之间的互动有多种形式，如前所述在不同的时期有不同的表现。互联网平台出现后，尤其是社交平台的出现，人和人之间的互动空前活跃，互联网具有的"互动"的特点在社交媒体上得到了更加明显的呈现。在社交平台上的交流和沟通成为人和人互动的重要方式，已经在一定程度上替代现实中人与人之间面对面的沟通。

用户对于社交平台形成了极大的依赖，媒介接触习惯已经发生极大改变，有些平台如微信已经成为用户入口级的重要应用。林林总总的社交平台形式，给用户带来前所未有的互动体验。总体来看，社交平台有以下特点。

1. 开放性

从营销的视角来看，社交平台是典型的双边市场，社交平台可以同时承载企业和用户，用户基于便利、社交等原因，将个人的大量时间用在社交平台上，基于社交媒体自身的优势，许多企业在社交媒体上开展营销活动。

---

❶ 谷虹. 信息平台论［M］. 北京：清华大学出版社，2012.

社交平台提供了极低的进入门槛，几乎人人可以参与到社交平台中来，且用户黏性极高，用户聚集到平台上，因为这里提供了互相言说的空间与自由。他们可以交流生活趣事，可以交流品牌感受，也可以与品牌直接交流。用户将大量的时间用于社交平台，使得企业也追随用户，积聚到社交平台上来。社交平台搭建起来，基于自身的开放性，吸引了海量的企业和海量的用户，企业与企业、企业与用户、用户与用户之间可以展开互动。人和人在网络上的互动由于社交平台的出现变得高效、频繁，并且产生了很大的影响。上述多个主体之间的互动构成了社交平台的重要内容。

此外，开放性还体现在社交平台可承载其他的一些相关业务。例如，社交平台可以承载电商、短视频等业务。利用社交平台强大的导流功能，这些承载的业务往往会有较大的流量优势。

2. 多样性

如前所述，各类即时通信工具、特定领域的论坛等都是社交平台的具体表现形式。今天，几乎每个网络用户都在使用各种各样的社交平台。各类社交平台数量多，形式多样，例如陌陌、YY、人人网、QQ 空间、微博、微信朋友圈等。如同多数行业一样，尽管数量很多，但是行业集中度高，主要集中于几个比较有影响力的平台，例如当前占据用户较高时长的微信、微博、QQ空间等。

3. 去中心化

社交平台一个重要的特点是传播的去中心化。在社交平台上，每个个体包括每个企业、每个个人都可以发起传播活动，都是传播活动的参与者，在社交平台上发出自己的声音，积极表达，这种传播无法强制对方接收，传统的营销思路在社交平台上需要做出调整。对方会有选择地进行接收，对于认可的则会帮助企业进行主动传播，对于不认可的信息或者信源则可以拒绝接收。

因此，社交平台不同于以往的传统媒体，它是对权威的消解，以往中心化的传播格局被多对多的传播格局所取代。

综上，社交平台作为社交营销的重要组成部分，充分调动了用户的主动性和积极性，成为企业不容忽视的传播平台。许多企业在社交平台上面进行了积极布局，对企业的营销活动进行了创新。当然，我们也要看到，面对林林总总的社交平台，企业开展社交营销也要与平台自身的格调一致。同时，基于社交平台上的社交营销还要与其他营销方式结合才能更好地发挥其作用。

（二）企业：积极实践社交营销

企业是社交营销的主体。一般而言，企业是社交营销活动的发起者。不同的企业，或同一个企业在不同的时间发起社交营销的目的会存在较大差异。如前所述，社交营销的诸多优势使其成为企业青睐的营销方式。社交媒体的盛行，越来越多的企业在社交媒体上开展营销与传播工作。例如，QQ空间、微博、微信等成为企业青睐的开展社交营销的重要工具。许多企业已经将社交营销作为企业营销战略的重要一环。有相当一部分企业虽然也在使用上述社交产品，但是用传统的思维来对待社交营销，并没有取得好的营销效果。整体来看，大部分企业意识到了社交营销的重要价值，并且进行了积极的探索工作，但是整体效果差别较大。

社交营销使得企业可以跨越原有的传统媒体这一中间环节，直接和用户进行沟通。杜蕾斯、三只松鼠、江小白等企业纷纷利用社交营销这种方式，在品牌影响力、用户参与度、产品销售额方面均有了较大的提升。这些企业有些运用过传统媒体，有些则主要是靠社交营销一步步打造出今天的影响力。

企业在传统营销环境下，往往靠营销内容的高频传播来保证效果，即使消费者对内容没有好的体验，但是经过高频的接触，知晓了这一品牌并达成记忆，往往就会对消费者未来的购买产生积极作用。社交媒体环境下，企业抛弃了传统营销时期的营销策略，注重用户体验，在优质内容上下功夫。在内容的传播方面，企业需要进行深刻洞察，传播用户感兴趣的内容，从内容和形式上都要充分考虑到社交媒体的特点以及用户的接受状况，必须抛弃以前那种自说自话、置对方于不顾的沟通方式。理想的内容自带传播基因，应该站在用户的视角进行思考，当一个用户看到后，会有意识地将这一内容进行收藏或者转发，从而放大信息的价值，让内容本身为社交营销加分。

综上，企业开展互动营销，主要是基于两个方面的需求。一方面希望可以和用户之间展开直接沟通，了解用户，另一方面希望企业的信息能够在用户和用户之间进行分享。大部分企业的信息，用户和用户之间不会展开分享。要使得用户和用户之间进行积极分享，企业需要提供有趣的故事情节或者对用户进行一定的利益承诺等。越来越多的企业采用社交营销这种方式，和社交营销具有的低成本运作、高可信度、精准性较高等优势密不可分。

（三）用户：内容生产与传播的新角色

用户是企业的服务对象，网络化生存已经成为当前用户的一种生存方式。大量用户频繁使用各类社交媒体。例如，截至2017年12月，微博月活用户 3.92亿，日活用户1.72亿。❶ 截至2017年9月末，微信及WeChat合并月活账户达到9.8亿。❷ 企业要对用户进行有效接触，自然需要对于用户青睐的社交媒体进行关注。用户将大量的时间用在社交媒体上。数据显示，2017年，全球年轻人有1/3的网络时间都用在了社交媒体上，全球互联网使用时长的每3分钟里，就有1分钟被用在了社交媒体和即时通信上，网民平均每日活跃时长超2小时。❸ 在诸多的社交媒体中，用户的使用行为呈现高度集中的状况。以当前移动互联网的第一应用微信为例，《2017年互联网趋势报告》中数据显示，2017年4月，微信占据了用户平均每天花费在移动应用中时间的29%左右。❹ 微信是当前社交媒体的典型代表，用户一天中在移动应用中接近1/3的时间用于微信，可谓高度集中。

用户在哪里，企业的营销自然应该跟进到哪里，而不是固守既有的思路和做法。当前，企业如果不在社交媒体上开展营销活动，实际上就错过了和用户交流的一个重要平台。在社交平台上，用户和用户之间彼此连接，或者基于兴趣爱好，或者基于共同行为，或者基于各种关系，用户和用户之间被错综复杂

---

❶ 数据来源：微博2017年财报.

❷ 数据来源：腾讯2017年第三季度财报.

❸ 生活数据用户研究. 年轻人有1/3的网络时间都用在了社交媒体上，http://www.199it.com/archives/607975.html, 2017–07–02.

❹ 腾讯科技，互联网女皇报告：微信占中国手机用户近30%使用时间，http://tech.qq.com/a/20170601/004818.htm, 2017–06–01.

的关系连接在一起。用户和用户之间在建立彼此的连接之后可以进行分享。例如微信作为社交营销的重要平台，其中一个创新之处在于它把内容叠加到了即时通信工具上。这样带来的结果就是用户看到内容后，如果认为内容自身有价值，会随时分享给自己关系链条上的朋友，从而放大信息自身的价值。就分享本身而言，它是人的天性，或者因为信息自身具有价值性，或者为了凸显自己对于信息的提前占有等，人往往会积极主动地进行信息分享。通过把信息分享出去，让更多的人知晓，分享者会有一定的成就感或满足感。基于网络上形成的社交关系链，用户和用户之间的分享变得高频且普遍。

社交媒体上的用户除了具备在传统媒体上的基本特征外，还具有以下两个明显的特点。

1. 用户在社交媒体上集信息接收者与主动传播者于一身

用户不再只是营销信息的接收者，还可以是营销信息的主动传播者。用户对于感兴趣的营销活动，会积极主动地帮助企业进行传播。以前流行的企业鼓励用户朋友圈转发信息集赞，从而得到一定实惠也是用户的一种传播活动，也有许多用户感觉有趣从而主动转发的情况。用户的主动转发具有多重价值。首先，这一行为放大了信息的价值，让信息在更广的范围内传播，这种传播基本上是以免费的方式展开。其次，用户的转发在一定程度上代表了"信任背书"。一则信息是企业的主动推送，一则信息是自己好友转发的企业信息，后者会具有更强的可信性，用户往往会更加相信自己好友转发或推荐的信息。基于社交网络上的用户之间的传播会带来信息更强的可信性，这是传统的营销方式难以具备的。

通过社交营销，用户从信息的接收者转变为信息的传播者，要让用户完成这种转变，关键在于创作出优质的内容，让用户从内容中获得一定的利益。将传统的广告内容直接搬到社交媒体上是很难影响用户的，甚至会引起用户的反感进而取消关注。

2. 社交媒体上，用户积极主动进行内容的生产

在以前，用户接收到的企业信息是经过多次把关之后传播给用户的。社交媒体上，用户的角色发生了变化。例如用户创造内容（User Generate Content，UGC），用户生产内容已经成为社交媒体上内容的重要组成部分。这时候用户接收到的企业信息可能是其他的用户创作出来的。

网络时代的用户拥有了自己的"麦克风"，也自然希望发出自己的声音。有些企业给了用户这样一个渠道，鼓励用户积极发声。例如，江小白的"表达瓶"，江小白深谙用户发声的重要性，鼓励用户扫描二维码输入自己想说的文字，如果内容被选中，则可以将其作为江小白酒瓶的文案，在全国进行推广。这种方式激起了用户的积极性，用户纷纷发挥自己的才智，将自己内心深处的话语积极表达出来，成为江小白在全国进行推广的一大特色。自己的作品如果成为江小白表达瓶上的素材，用户会将这一事件在自己的微博、微信圈进行积极分享，以便引起更大的关注，更好地展现自己。

因此，社交营销视角下的用户具有两个明显的特点，一个是改变了以往被动的角色和地位，积极主动地进行传播和分享；另一个是积极进行内容的生产。这两点体现了用户在社交营销中处于与以往营销不同的地位。上述两个特点使得企业将其作为营销传播活动思考的重要起点。

第二节　社交营销的互动产品

以当前在社交领域具有较大影响力的微博、微信为例，来分析它们的社交产品及其不同产品基础上各个主体之间的互动情况。

一、微博的社交产品及其互动：以信息流为主，强调精准

通过对资料的梳理可以发现，微博平台上主要提供了以下社交产品。

（一）粉丝通

2013年，微博发布了信息流产品——"粉丝通"。微博"粉丝通"是基于微博海量的用户资源，把企业信息广泛传递给粉丝和潜在粉丝的广告产品。企

业可以根据用户属性和社交关系，将信息精准地投放给目标人群。❶ 粉丝通是微博的代表性营销产品。微博粉丝通以一条普通微博的位置和形式发布出来，从形式上来看，和普通的微博没什么区别，可以进行转发、收藏或评论。不过，在其信息的左上方有"微博推广"的标记。企业和平台之间，一般是按照CPM、CPE的方式进行合作。CPM是按照到达1000人次花费的成本。CPE是按照有效互动来进行计费，这里的互动包括收藏、点击、关注、转发等。

（二）品牌速递

微博"品牌速递"是针对品牌客户推出的，并借助好友关系传播的微博信息流广告。其展示样式是以大图形式，在移动端和PC端置顶展示视频、图片或者活动等。❶ 品牌速递可以在PC、手机端进行呈现，依旧是以信息的形式进行呈现。在PC端，用户可以点赞、转发、收藏、评论。而在手机端，用户可以点赞、评论，转发。可见，对品牌速递来说，用户和企业之间都可以展开多种形式的即时沟通。用户和用户之间则可以通过转发这种形式进行主动互动。企业和平台之间主要是通过合作来达成双方的利益，从计费方式来看，按照曝光的人次来进行收费。

（三）微博精选

"微博精选"是基于新浪微博5亿用户信息以及与品牌营销相关的数据，为品牌企业提供精准的、个性化的微博营销工具。❶ 微博精选一个重要的特点是其精准性。在呈现形式上，依旧是以信息流的方式进行呈现。如同品牌速递，其在PC端，用户可以点赞、转发、收藏、评论。而在手机端，用户可以点赞、评论、转发。用户和用户之间、用户和企业之间、企业和平台之间都可以进行互动。

（四）粉丝头条

微博"粉丝头条"是微博上需要单项付费的一种推广道具，使用它，用户可以将指定微博展现在粉丝首页的微博列表第一条，并且可有效地保证微博的

---

❶　微博品牌速递，http://www.evermotion.cn/i.html.

曝光量、增加粉丝互动性、提升微博的被关注度。❶由于出现在粉丝首页微博列表第一条，这种营销产品在一定时间内具有独占性，从而产生大的曝光量。

粉丝通、品牌速递、微博精选、粉丝头条是微博平台上具有代表性的营销产品。对上述社交产品来说，用户可以通过关注、私信、转发、评论、分享等行为与企业或者平台展开互动。

二、微信的社交产品及其互动：以朋友圈广告为主，强调体验

微信的社交产品主要有朋友圈广告和公众号广告两大类。2011年上线的微信主要定位于人和人之间的社交连接，一直在营销的开展方面谨小慎微，直到2015年朋友圈才引入广告。朋友圈广告一直比较重视用户的体验，在广告的数量和质量方面进行了一定的控制。

（一）朋友圈广告

微信朋友圈广告从2015年1月正式上线，通过表4-1可以看到在三年多的时间里，朋友圈广告进行了持续改进。从图文到视频，从促销广告到原生广告，从用户留言到主动与广告主进行一对一互动。

表4-1 朋友圈广告的变化

时间	事件	形式	影响
2015.01	朋友圈广告上线	文案+图片+详情页	朋友圈信息流广告出现
2015.12	视频广告上线	6秒短视频和30~90秒长视频	广告形式更加丰富
2016.08	原生推广形式上线	去掉"查看详情"	用户体验更好
2016.09	朋友圈本地广告上线	增加门店地址等信息	线下门店与附近消费者建立联系
2017.01	视频原生广告上线	6秒或15秒的小视频	用户体验更好
2017.05	上线互动评论新功能	广告下方增加了@广告主	用户与广告主一对一互动

注 根据《朋友圈广告又升级了，现在可以在朋友圈里和广告主对话》一文综合整理。

由表4-1可见，微信朋友圈广告上线后，基本上每年都有两次左右大的创

---

❶ 微博品牌速递，http://www.evermotion.cn/i.html.

新。整体来看，一个大的变化趋势就是越来越注重用户的体验，每一次改进都希望用户有更好的感受。2015年初，朋友圈广告上线，同年底视频广告上线，从文字、图片发展到短视频。2016年9月本地广告上线，用户不仅接收企业的营销信息，而是可以采取行动，直接与线下附近的门店产生联系，满足自己的需求。2017年5月上线互动评论功能的意义更加重大。通过在广告下方增加@广告主的形式，让用户可以直接与广告主开展一对一的互动。在以前，企业在朋友圈发布广告后，用户可以留言，而企业无法对留言进行互动。增加了@广告主的功能后，用户则可以和广告主在信息下方直接进行一对一的互动，而且其他好友能够看到二者之间的互动。因此，这一功能进一步扩大了广告的影响力。

1. 微信朋友圈广告的特点

朋友圈广告作为微信的重要营销产品具有以下特点。

（1）较强的精准性。例如，基于用户的自身数据，朋友圈可以进行性别、学历、婚姻、地域、年龄、兴趣等多个因素的定向，让企业的信息更精准地到达用户。朋友圈广告一般都是精准触达，向特定人群进行推送。这样，企业与用户之间就能够进行一对一的互动。除了用户自身的基本数据之外，微信还可以利用用户的行为数据进行定向的推送。2015年4月，京东电商平台接入微信，用户登录微信后，通过入口进入京东进行商品的购买，这一行为的交易数据会被腾讯利用。腾讯可以利用后台的数据来了解用户消费行为。例如，用户登录微信后，通过京东的购物入口，进驻后进行商品的浏览、收藏、购物，这些行为都会被记录下来，并可以据此对用户做出描述。企业在朋友圈进行广告的投放时，微信平台可以为其提供针对性极强的参考。

（2）微信朋友圈广告可以加入用户的评价，让评价成为广告的一部分。用户可以直接看到好友对于朋友圈广告的评价，并在此基础上与好友进行交流，发表自己的看法、观点、态度。如果是一则单纯的广告，用户的注意力或许不强，但是看到这则广告加入了朋友的评价，成为一则带有好友态度的广告，这时用户往往会进行观看，分析广告的内容，然后结合自己的感受，与进行评价的朋友进行互动。这样就提高了该信息受到用户注意的概率，用户对这则广告的注意力也因为有了朋友的评价而变得更强。如果用户看到了朋友评价好的广告，显然增强了信任背书。相反，评价不好的广告，可能会给用户留下不好的第一印象。作为企业，在进行朋友圈广告的投放时，应该保证品牌的积极正面性，让客户的正面评价成为引导其朋友态度或行为的重要节点。否则，如果用户对这一则广告持负面态度，并进行了留言，则很有可能会影响后来的用户行为。

（3）朋友圈的广告高度注重用户体验。这首先体现在朋友圈广告的数量以及频率，这方面微信有着严格的规定。其次，从每一条朋友圈广告来看，在信息的右上角标有"广告"，用户可以选择"我不感兴趣"，如果客户感觉有用或者有兴趣会主动点击，而点击"我不感兴趣"，可以让平台以后不再进行推送类似的信息，也由此进行判断用户的喜好。因此，从数量、频率、形式等多个方面来看，微信朋友圈的广告在用户体验方面进行了深入的研究。

（4）朋友圈信息流广告形式具有一定的隐蔽性，用户体验更好。朋友圈信息流广告在朋友圈信息中处于和任意一条普通信息类似的位置，以类似于好友发布的原创信息的形式出现。由于是信息流中的一条，其表现形式也和具体的朋友之间的信息较为相似。显然这种方式以一种更自然的形式将广告呈现在用户面前，将广告与朋友圈实时更新的内容融为一体，与以往的内容是内容、广告是广告、内容与广告截然分离、内容中插入广告的体验感较差的形式有很大的差异。这种形式降低了对用户的骚扰，增强了用户体验。

2. 微信朋友圈广告的互动形式

微信朋友圈广告体现了多个主体之间的互动，用户和企业的互动、用户和用户的互动、企业与平台的互动都得以展现。

用户和企业之间的互动形式有点击、点赞、评论、收藏、转发、销售等，这些不同的互动形式背后反映了用户对于品牌的态度。比如喜欢或者差评，这种点赞或者差评比一般的网络上表扬或批评具有更强的影响力量，因为这是基于线下关系在线上的延伸，不同于泛泛的网络上的对于一个品牌的褒扬或者贬低。企业可以根据用户的互动进行营销的调整。因此朋友圈广告既有广告的展示，又有用户的互动，与传统的单向式的广告相比，是一个大的创新。企业也会根据用户的互动了解用户对于自己的感受和评价，在这一基础上开展和用户之间的沟通。

用户和用户之间如果是好友关系，二者之间也可以在朋友圈广告的下面进行直接的交流与互动。例如，用户甲对朋友圈广告进行留言，作出评价，其好友乙看到甲的留言，可以直接与甲进行互动。如用户甲的留言是"用过他家的产品，很不错"，那么用户乙在看到后，由于加入了朋友甲的证言，乙对该则朋友圈广告的信任度会大大提升。一个用户的评价往往会引起其好友的关注，他们会在这一信息之下进行交流和讨论。讨论的过程实际上是用户和产品进行连接的过程。用户和用户之间的讨论，自然而然就增进了对于产品的记忆和了解。用户评价中如果有用户好友对于该产品好的评价，这实际上类似于用户的好友为这条广告代言，在大部分人心目中，好友推荐的产品显然比较可靠，信赖感更强。这与企业在广告作品中自卖自夸或者请名人进行代言等更具有可信性。

此外，这种形式也有企业与微信平台之间的互动，二者之间按照约定达成合作，根据规定，如果朋友圈信息流中的广告曝光后没有用户的互动，如留言，6小时后广告会从平台消失。企业可以根据平台要求进行调整。

因此，朋友圈信息流广告这种形式既有用户和好友之间针对产品和服务的互动，也有企业与用户在这条信息的基础上进行的互动。

（二）公众号广告

公众号广告主要是置于公众号文章内的广告形态，或者公众号文章后面的硬广。公众号文章内的广告形态实质上是软文，讲求的是广告与内容的一致性。而公众号文章后的广告形式有图片广告、图文广告、卡片广告等形式。

1. 文中软文

讲求广告与公众号文章内容风格一致。例如，网上有篇公众号文章讲述小孩到了叛逆期，家长遇到和孩子的沟通问题应该怎么办。文章鼓励家长要让孩子多放松，尤其是到大草原等地方去看看，可以考虑空间感较大的吉普品牌的汽车。通过一个如何解决问题的形式，汽车品牌吸引了家长的关注，让家长在关注这则信息的同时，注意到该汽车品牌的信息，从而对其产生兴趣。

2. 文后硬广

目前，公众号文章后的广告形态主要有三种形式。图片广告主要是以横幅图片展示的广告形式，形式多样，比较醒目。图文广告是图片和文字相结合的展示广告，文字对图片进行有效补充。卡片广告是引导用户进行公众号的关注、下载或者卡券的领取等。

企业微信公众号上发布信息到达的都是主动关注企业微信的用户。这部分用户对于企业的信息具有很强的关注性。在主动关注公众号信息的同时，很容易关注到信息下方的广告。一群同时关注一个公众号的人会在某些方面具有相同点。因此，具有明显特征的这部分人群会成为某些企业的目标客户群。由于这种广告形式从本质上来说属于传统的硬广形式，用户与其之间的互动主要是浏览与点击。因此，与朋友圈广告这种形式相比较，公众号广告的互动性相对较弱。

第三节 社交营销互动机制研究

社交营销是随着社交媒体的发展而兴起的营销方式，社交媒体发展由来已久，本节以近年来社交媒体的典型代表微博、微信为例来分析社交营销。笔者搜集了近年来社交营销的40个典型案例，相关的行业和企业见表4-2。案例选取的标准主要有两个，一是企业近年来通过开展微博营销或者微信营销在业界产生了较强的影响力，二是尽可能涉及与人们日常生活相关的多个行业。从案例来看，社交营销的发起者涉及多个行业的不同企业，社交营销在多个行业进行了广泛应用。例如金融、汽车、食品饮料、电子产品、饰品、互联网服务等不同的行业纷纷采用社交营销这种营销方式。

表4-2　40家企业及其所属行业

行业	企业	行业	企业
电子产品	戴尔中国	电商平台	1号店
	朵唯手机		阿里
	宏基		天猫商城
	Vivo		
	联想		苏宁
	魅族	鞋服	凡客诚品
	华为手机荣耀6		Columbia
	S90笋尖手机		Nike
	英特尔	汽车	福特嘉年华
			大众汽车甲壳虫
			smart
食品饮料	伊利	互联网服务	世纪佳缘
	绿箭		微信
	可口可乐	日化	美加净
	蒙牛		宝洁
	七喜	航空运输	海航
金融	招商银行	饰品	卡地亚
	工商银行	影视	《后会无期》
	平安银行	报纸杂志	《新周刊》
	泰康人寿	餐饮	螺蛳粉先生
线下零售	中国香港海港城	成人用品	杜蕾斯
	阿桑娜商贸		

为什么上述这些行业积极使用社交营销这种营销方式呢？根据对于上述案例的分析和梳理，笔者认为用户希望通过使用社交媒体满足自身多方面的需求，具体来看又分为了解企业信息、深度体验、体现自身价值、主动传播、产品购买等。而这些互动目的对使用社交营销方式的企业来说具有重要意义，或者传递品牌信息、与用户互动，或者传播品牌形象、推动销售，这对于企业

具有重要的传播或者销售价值。因此企业纷纷使用这种方式开展品牌的营销活动。

本节共选取了40家开展社交营销的典型案例，主要是微博营销和微信营销两个部分。表4-3是上述案例梳理中的一部分，研究主要是从营销诉求、互动元素、互动特征三部分展开，在梳理的基础上进行详细分析。

表4-3 本节案例的分析框架

品牌名称	营销诉求	互动元素	互动特征
	传播品牌信息/与用户互动/提升品牌形象/推动销售/用户间互动传播	意见领袖/网名/粉丝/企业/微博/微信公众号/游戏/其他	
《新周刊》	传播品牌信息、与用户互动、用户间互动传播	网名、微博、杂志主要创作人员、名人	精准、低成本
凡客诚品	与用户互动	微博、活动、事件	精准、即时、低成本，全员与用户互动、互动内容活泼，重沟通与反馈，根据客户的意见直接改进服务
七喜	传播品牌信息、与用户互动、提升品牌形象、推动销售	微博、话题、营销活动、奖品、意见领袖	人群广泛、频繁互动
香港海港城	传播品牌信息、提升品牌形象、与用户互动	微博、图片、话题（限量）	传播速度快
螺蛳粉先生	传播品牌信息、与用户互动、推动销售	微博、图片、名人、粉丝留言墙	一对一沟通，带动销售
戴尔中国	传播品牌信息	微博、粉丝、员工	直接、针对性强、全方位、及时、灵活
朵唯手机	传播品牌信息	微博、手机APP、游戏	精准，线上线下结合
宏基	传播品牌信息、提升品牌形象	搜狐微博、SNS	用户间病毒式传播，利用舆论领袖的作用
招商银行	与用户互动、与消费者建立更好的关系、提升品牌形象	微博、线下	内容多样化、全方位与客户沟通、线上线下相结合

品牌名称	营销诉求	互动元素	互动特征
	传播品牌信息/与用户互动/提升品牌形象/推动销售/用户间互动传播	意见领袖/网名/粉丝/企业/微博/微信公众号/游戏/其他	
伊利	传播品牌信息，传播"产品带来的活力"的理念	微博、明星	体育营销为依托，球迷可与明星在微博上随时开展互动
杜蕾斯	与用户互动	微博、话题、事件、名人、奖品	人群广泛、频繁互动
阿桑娜商贸	传播品牌信息、与用户互动、推动销售	腾讯微博、互动游戏	用户参与度高，短时间内形成时间裂变效应、积极参与到企业的活动中去

一、企业营销诉求表现多元，信息传播与促成用户互动居于核心

根据对案例的分析，本节将企业的营销诉求主要分为传播品牌信息、用户互动、提升品牌形象、推动品牌销售等。经过统计，40家企业表现出了不同的营销诉求，详见图4-1。

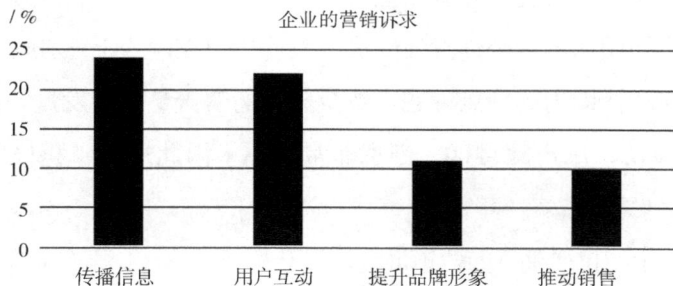

图4-1　所选案例中不同的营销诉求占比

在40家企业中，在营销诉求方面，总体来看有传播品牌信息、提升品牌形象、产品销售、用户互动、其他等多方面的需求。而在某些方面又呈现高度集中的特点。例如，40家企业的案例中，企业明确提出希望通过社交营销来传播

品牌信息的有24家。这说明，社交营销模式下，企业依旧将品牌信息的传播作为营销活动的重要目的。这与社交媒体用户基数大、使用频率高、传播成本相对较低等特点有密切关系。2014年，卡地亚时间艺术展期间，虚拟展馆在微博和微信上进行了展出，全方位展现艺术展的信息，吸引了用户的积极关注，最终实现了微博5万、微信20万的点击数，以及3万多名微博粉丝、7千多名微信粉丝的增长，艺术展通过这种营销方式得到了更好的传播。

在企业的营销诉求中，希望通过社交营销实现与用户互动的企业有22家，位居第二，这一目标仅次于传播品牌信息。在40个案例中，超过一半的企业希望通过社交营销这种形式与用户进行多种形式的互动。从上述数据可以看出，和搜索营销相比较，企业更希望通过社交营销和用户之间进行互动。这主要是由于社交媒体自身的特性决定的，社交营销重视信息的传播以及主体间的互动，尤其是企业与用户的互动以及用户和用户之间的互动。在上述40个案例中，文中所涉及的营销效果也主要是围绕着传播效果展开，而占很大篇幅的则是描述企业和用户之间的互动，以及用户和用户之间的互动，以及由此带来的粉丝数量的增加，评论、转发数量激增等方面。可见，企业将与用户互动以及由此引起的用户和用户之间的互动作为开展社交营销的重要诉求目标。

例如，2011年微博上的杜蕾斯鞋套事件。在一个下雨天，这样一个特殊的环境下，杜蕾斯团队的一个创意演变成了微博用户在网络上疯狂转发的热点事件，成为当时微博圈内的特点话题。数量庞大的曝光量、转发量等数据体现了用户的积极互动，用户觉得这一创意非常有趣，因此进行了积极的评论和转发，传播效果见图4-2。

上述案例中，位居第三的营销诉求是提升品牌形象，11家企业在营销诉求中提到了提升品牌的形象。这说明，品牌形象的提升依旧是社交营销的重要功能。社交媒体上的营销活动对于品牌形象的提升具有自己的特点，这一点仍与社交媒体的自身特点密切相关。用户接收到这方面的信息后，如果认可企业的传播，则可能会在短时间内进行大范围的扩散，从而形成一种裂变效应，使得品牌形象的传播在短时间内产生更大的影响力。而且，经过好友传播的信息往往使用户产生

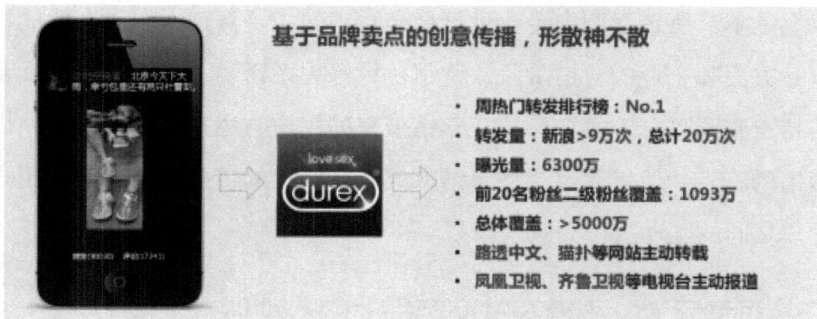

图4-2　杜蕾斯雨天鞋套事件的传播效果

更强的信赖感。因此，企业将品牌形象的提升作为开展社交营销的重要目的。

　　位居第四的企业营销诉求是拉动销售。10家企业提到了通过社交营销进行销售，实际上，企业的营销行为具有多样化，其最终的目的主要是进行销售，因为任何的营销活动都希望可以带来即时或者未来的销售。和搜索营销相比较，这说明企业通过社交营销这种方式开展营销活动，更多的是希望向用户传播品牌信息以及与用户之间开展互动。但是企业如果设计合理，也完全可以通过在社交营销的基础上达成销售。2014年，可口可乐在微信上开展了社交营销活动，用户通过扫描瓶身上的二维码即可参与活动，进行抽奖，且保证100%中奖。大量的用户参与到活动中，活动期间可口可乐的百度搜索指数增加了32%，成功销售9.9亿瓶小Q版可口可乐，微信抽奖活动见图4-3。

图4-3　可口可乐微信上的抽奖活动

以上是本节所选案例中企业进行社交营销的主要营销诉求。企业的社交营销诉求一方面和企业的营销阶段、营销目标等关系密切，另一方面和社交营销自身的特点密不可分。例如，社交营销带来的用户与用户之间的分享，以及裂变式营销的特点，使得通过这种营销方式进行信息的传播以及企业与用户、用户与用户之间的互动变得高效、高频。

二、互动元素：附着在社交产品上的多种形式

社交营销模式下的互动元素和搜索营销模式下的互动元素体现了较大的差异性。如前所述，搜索营销模式下的互动元素有网页、图片、关键词等。社交营销模式下，也有和搜索营销模式类似的元素，例如网页、图片、文字等，除了上述元素外，还有大量的社交营销模式下独特的互动元素。

社交营销模式下主要的互动元素有微博账号、微信公众号等。微博账号是企业利用微博这种介质进行营销时的一种身份。通过微博，企业既可以向用户群发信息，类似于传统媒体的大众传播的效果，也可以与粉丝之间进行相互关注，开展一对一的互动，满足用户个性化需求。微信公众号则是企业在微信上的身份。在公众号上，企业可以不定期更新企业的状况，将信息传递到关注公众号的粉丝。对于关注了公众号的粉丝来说则可以与企业开展一对一的互动。微博账号和微信公众号是当前企业开展社交营销时重要的互动元素，通过这些互动元素，企业和用户之间可以进行全方位的互动与沟通。

当前的用户将大量的时间应用于社交媒体，尤其是微博、微信。这两种工具除了自身的社交属性之外，还具有重要的营销价值，许多企业已经在这方面开展了积极的实践，并取得了好的营销效果。目前来看，大量的企业在微博营销、微信营销等社交方式上进行了积极探索，尽管探索效果差别较大，但基本上这两种方式已经成为许多企业营销框架下的重要组成部分，并通过微博账号、微信公众号和用户之间展开多种形式的互动。在和用户进行互动时，企业会用一些策略来调动用户的积极性。例如，企业可以通过发放红包、赠送礼物等不同的形式来加深双方之间的互动。

社交营销也有和其他营销模式类似的元素，例如游戏、意见领袖、故事等。微博账号、微信公众号均需要借助一定的元素来进行与用户互动。游戏是企业和用户之间一种有趣的沟通方式，企业往往将企业信息植入游戏中去，通过这种方式，让用户在一种轻松的氛围中接受企业传播的信息。意见领袖也经常成为微博账号、微信公众号与用户沟通时的重要元素。例如，一些大V在微博上对信息的转发或者评论可以带来惊人的传播效果，迅速扩大事件的影响力。故事则有助于加深用户关注和兴趣，企业在利用微博账号或微信公众号进行信息传播时，有时通过故事这种元素来进行表达。例如，为了提升海航的品牌形象，海航在官方微博和微信公众号上开展了"海航光明行"的栏目，讲述了海航数十年来援助白内障病人的故事，图4-4为活动的开启仪式，鼓励更多的人参与到这一活动中来。活动开展时间不到一月，官方微信粉丝增长速度提高了132%。

图4-4　海航"光明行"开启仪式

综上可见，作为社交媒体的用户，可以和企业通过上述多种元素进行不同形式的互动，而用户和用户之间也可以进行互动。社交媒体上的用户可以基于各种要素进行分享，从而放大传播的价值。

三、互动效果：基于分享放大传播的价值

从上述案例来看，社交营销模式下，经过用户和用户之间的互动，传播效果和销售效果也得到了明显的提升。但是二者之间有主次之分，社交营销这种模式对于传播效果的影响往往超过销售效果。传播效果主要是表现为企业粉丝数、阅读量、评论量、转发量等一系列具体指标的提升。例如2010年5月招商银行的社交营销案例"城市因您而变得更美好"活动，得到了293条评论，1121条转发，达到了企业预期的传播效果。❶

从上述分析来看，用户可以通过社交媒体进行产品购买，但大部分情况下这不是用户参与互动的主要目的。另外，由于社交营销的开展往往配合其他方式的实施，因此难以衡量社交营销带来的具体的销售效果。上述案例也能窥见一斑，案例中较多呈现带来的传播效果，但是在销售效果的描述上较为笼统。

社交营销以其自身的特点成为当前企业开展营销活动的重要组成部分。通过上述对案例的分析可见，社交营销是企业和用户、用户和用户之间基于多种互动元素进行互动的营销方式。

第四节　关于社交营销的思考

一、社交营销的重要价值：基于社交关系的裂变传播

在以往，受到工具的限制，每个人交往的半径很小，和家庭成员基于血缘关系、和同学之间基于学缘关系或者和同事之间基于工作关系进行的交往，成

---

❶　郭丽阳，全方位信息提供——招商银行微博亲民营销，http://www.meijiezazhi.com/yx/wb/2012-03-18/2028.html，2012-07-17.

为个人进行交往的主要圈子。随着互联网的发展，尤其是诸多社交产品的出现，人们可以在互联网上基于自己的兴趣、爱好、特长等与自己相似的更多用户之间建立连接，从而形成新的圈层，这种社交既不是基于血缘，也不是基于学缘或者工作关系，而是基于网络。在网络上，用户很容易找到这样一批与自己的兴趣、爱好相一致的人，他们之间可以天南海北，可以不分老少，都可以在网络上自如地沟通。这些人一直存在，而互联网将这部分人非常容易地连接起来。这样大大突破了原来每个人的交往半径，使得个人可以基于某种特点或者兴趣和网络上的任何一个人建立联系。这种联系一旦建立起来，他们之间就可以在任何时间，可以跨越地域进行双方即时的互动交流。同样，这种连接关系会继续进行下去，从而让众多的网络用户与其他网络用户实现连接，这种连接具有重要价值。例如基于用户连接基础上的社交营销，许多情况下，通过社交营销影响一个人，实际上等于影响了一批人。而且如前所述，用户和用户之间的影响可信性较强。因此，许多企业认识到了社交营销的优势，并进行了积极的探索和实践。

二、社交营销可能带来的问题

通过上述分析可见，社交营销这种营销方式以其自身的特点受到了企业的认可，许多的经典案例反映了社交营销这种方式的优势。在看到社交营销这些优势的同时，我们看到社交营销还存在以下问题，需要引起我们的重视。

（一）企业对于营销的控制问题

社交营销为诸多企业所重视，与社交营销的特点密不可分。在看到社交营销带来的改变的同时，我们也应该看到，社交营销在运营过程中并不总是朝着企业的计划进行。有时候，企业开展社交营销由于考虑不周、操作不当，不仅没有达到预期的效果，甚至还起到了相反的作用。

2006年，雪佛兰为了推广其新车型Tahoe越野车，特意发动了一场网络营销，号召网民为该车型设计广告。网民如雪佛兰所期待的那样，热烈响应纷纷参与，但这其中也包括一股雪佛兰未曾预料到的势力——那些讨厌越野车的网民。这些网民和雪佛兰唱着反调，在广告中对越野车大肆讥讽，而雪佛兰的这场营销自然以失败告终。❶ 2012年，麦当劳重蹈雪佛兰的覆辙，在twitter上发起了名为McStories的活动，号召网民写下自己的麦当劳故事，意在通过收集到的故事来体现麦当劳的受欢迎程度。发表评论者却拿肥胖问题和糟糕的食物来开玩笑，这些人写下的负面故事让麦当劳的这场营销狼狈收场。❶

上述两个案例具有很大的共性，其初衷是引导用户参与到对于品牌的创作与设计中，显然这一初衷本来是计划用户与品牌之间进行更好的互动。但是两个品牌都没有意识到在营销过程中出现了一些未曾预料到的问题，而这些问题被放大，反而成了当时大家最关心的问题，违背了营销活动的初衷，而且对品牌形象造成了一定破坏。

因此，社交营销整体来看可控性较差。企业在实施社交营销时，务必提前进行风险的预判，尽可能考虑好所有可能出现的风险，例如有哪些问题可能在社交媒体上放大和扩散，做好应急方案的准备。如果有一定的风险，但是企业可以见招拆招，将问题顺利解决，则可以积极推进。如果风险过大，无法承受，没有好的应对策略，可以考虑放弃或者修改方案。虽然社交营销的可控性差，但是也是可以引导的。在执行营销方案时，做好一定的引导工作也可以降低风险发生的概率。例如，上述雪佛兰和麦当劳的案例，如果主办方一开始就积极引导用户创作积极的作品，可能会在一定程度上改善上述状况。而随意抛出一个主题，让用户完全自由地去自我发挥，极可能出现上述不受控制的现象发生。企业开展社交营销时，一旦信息发布出去可能就无法控制，以往的通过控制媒体、控制信息源头来将影响降到最低的方法在这个时代已经失效，因为信息的传播权已经掌握在作为普通人的无数个个体手中，到处都是信息源。因此，信息发布之前要进行认真把关。

---

❶ 网易汽车编译，社交媒体为何屡屡失败，须注意前车之鉴，http：//auto. 163. com/12/0309/ 18/7S63HIOS00084JTS. html. 2012-03-09.

（二）社交营销中的数据造假问题

众所周知，数据造假成为近年来数字营销领域中的一大问题。企业通过开展微博、微信营销，带来粉丝的积极互动，转发与评论暴涨，这是我们在许多案例中经常看到的，也是企业在开展社交营销后乐意看到的变化。不得不承认，有时候这里面会有数据造假的成分。淘宝网上买卖粉丝早已是一个热门的生意。数据造假的背后，往往是企业、营销公司、数据公司合力而为的结果。数据越做越大，导致后来者又会在原来的基础上继续扩大，离真实的状况渐行渐远。微博营销、微信营销，这两种主流的营销方式都存在着数据造假的问题。数据造假从短期来看会有直接的利益回报，因为满足了各个利益方的需求。但长期来看，无异于社交营销领域的一颗毒瘤，社交营销的参与者应该站在行业发展的高度，来认识这种危害，深刻把握社交营销的本质，利用多种策略充分发挥好这种营销方式的优势，更好地服务于企业的营销传播。

社交营销不仅包括企业和用户之间在社交媒体上的互动，还包括用户和用户在社交媒体上的互动。社交媒体上企业可以发布信息，也可以开展互动，而更重要的是互动。如果仅是发布信息而不是互动，实际上还是传统的传播思维。综上来看，在看到社交营销巨大优势的同时，企业还应该看到这种营销方式背后的风险，对其进行综合评估。这样，才能使得社交营销这种方式更好地服务于企业的营销传播。

第五章　电商营销：促进用户与商品信息的互动

第一节　电商营销的要素

一、电商营销的特点

随着网络技术的进步和网络终端的使用，电商作为一种新的商业形态诞生。中国的电商典型代表是C2C的形式，2003年5月阿里巴巴创办淘宝。后来出现了B2C的形式，例如京东、天猫等。上述网络平台在当前的电商市场有着举足轻重的地位。

顾名思义，电商营销就是基于电商平台开展的发现用户需求并进行满足的营销活动。根据电商平台包含商品的种类，电商平台可以分为综合性平台和专业性平台两类，综合性平台提供了种类繁多的各类商品，例如国内著名的电商平台淘宝、天猫、京东，用户在平台上几乎可以找到囊括线下的绝大部分产品。而专业性平台不追求面面俱到，主要集中于某一领域，成为这一领域用户信赖的专业的交易平台，例如电商平台贝贝网、每日优鲜等。这两个平台主要集中于母婴和生鲜产品，成为某一特定领域的专业销售者。

不论是综合性平台，还是专业性平台，往往都汇集了海量的企业和海量的用户。用户需要在平台上找到适合自己的产品，满足自己的需求。而企业则需要通过商品的展示，达成销售。要实现海量用户和海量企业之间有效对接，必须基于电商平台开展一定的营销活动。可见，基于电商平台上的营销活动其重要性不言而喻。

（一）电商营销的四个发展阶段

电商平台自创立至今，电商营销就进行了持续跟进，随着电商平台的发展，电商营销也发生了很大的变化。从电商平台的视角来看，电商营销的发展主要经历了以下几个阶段。

1. **第一阶段：电商平台自带搜索引擎，用户进行商品搜索**

电商平台上提供了海量的产品，如果用户在平台上逐一寻找，显然费时费力，成本极高，且难以找到适合自己的产品，购物体验不佳，因此用户有在电商平台上找到适合自己产品的需求。电商平台上海量产品的背后是海量的企业，这些海量的企业希望将自己的产品与希望购买的用户进行连接，有了对产品进行传播的需求。用户的需求和企业的需求在一起，促使电商搜索的出现。电商最早的阶段就是提供搜索，连接企业和用户。现在电商平台自带搜索引擎已经是标配，许多用户的网上购物行为往往是从电商搜索引擎进行搜索开始的。通过搜索引擎，搜索平台会呈现满足用户需求的一系列结果，实现用户和所需产品的即时对接。而搜索结果呈现的顺序问题直接关系到用户的点击和购买，因此平台通过向企业售卖位置来进行盈利。这样就可以满足用户和企业的基本需求。

这一阶段电商平台只是被动地去满足用户的搜索，用户搜索什么，平台就提供相关的搜索结果。用户处于主动地位，而平台则处于被动地位。许多用户选择网上购物主要是基于对成本的考量，因此，即使是小商家，只要有价格的优势，在源源不断的流量涌入的情况下，也会有自己的经营空间。商家通过向平台购买关键词以获得更好的展示位置。

电商平台上用户的搜索具有极强的目的性，基本上是带着需求去搜索，有什么需求，就进行满足该需求的产品的搜索。而且，搜索会持续，也就是在一段时间内往往会进行反复搜索，不停地进行比较，找到最适合自己的产品。

2. **第二阶段：电商平台提供一系列的营销产品，提升流量**

在电商平台上，能够获得流量对于卖家来说至关重要，有了流量才有可能带来销售，而没有流量则没有一切。电商平台为了更好地连接卖家与买家，提供了一系列的营销产品，这些产品可以给卖家带来巨大的流量，企业利用这些营销产品，可以给店铺带来巨大的客流，进而达成销售的转化。

这一优势使得卖家积极利用这些营销产品。例如，淘宝平台上的"淘宝直通车""钻石展位""淘宝客"，京东平台上的"京东快车"等，卖家不再像第一个阶段那样被动等待用户搜索，而是积极利用这些营销产品，主动出击，让用户可以在电商平台上醒目的位置注意到卖家。例如商家购买了"淘宝直通车"这一营销产品后，平台通过用户搜索，主动在醒目位置进行企业信息的推送。因此，在这一阶段，作为卖家已经开始采用积极主动的营销方式去接触用户，积极利用这些营销产品的许多商家也从中认识到了其优势，取得了客流的大量提升以及销售额的迅速转化。至今，这几款营销产品依旧是平台卖家非常重视的营销产品。

3. 第三阶段：电商平台与社交进行结合

随着社交媒体的迅猛发展以及影响力的扩展，电商平台开始和社交媒体联系在一起。例如，电商平台在微博上开通服务，建立自己的公众号。一方面，这扩大了电商平台的影响范围，提升了影响力，因为用户可以在社交平台上接触到电商平台，而不局限于原来的网站、客户端、APP，这样扩大了电商平台的影响。另一方面，基于用户之间的关系，电商平台可以更好地去影响用户。通过影响与该用户有关系的其他用户，如果其他用户认可或者接受了平台上的产品，其他用户的认可或者购买则会影响到与其在社交链条上有关系的其他人。这就是利用社交关系来进行电商营销。而且这种方式并不需要投入太大的成本。用户受到自己关系链上朋友的影响进而实施购买行为已经变得非常普遍。这一阶段，电商平台已经不同于以前简单地满足用户的搜索需求，也不局限于提供营销产品来吸引用户，而是积极利用社交媒体上的社交关系，挖掘其在营销中的重要作用。例如，截至2018年4月，张大奕的微博粉丝数超过584万，共发微博11000多条，经常不定期与用户在微博上进行互动使得其网店的信息及时传递给粉丝们。平日在社交媒体上的这些积累，才造就了直播过程中惊人的粉丝参与及爆发式的购买力。

　　最近几年，电商在发展过程中，通过直播开展电商活动成为一个重要的特点。企业选择直播这种形式做电商，主要是基于直播具有强大的流量导入功能，与以往通过购买流量来接触用户是完全不同的运作思路。直播可以将用户长时间地留在直播间，时间越长，用户对于产品的了解就越深入，形成购买的可能性自然越大。

　　当前，较有影响力的电商平台，例如淘宝直播、天猫直播，两个直播平台上聚集了大量的企业和用户。其基本的操作模式是主持人对产品进行现场的推荐，电商中的直播既有普通人作为主持人的直播，也有社交媒体上的网红在电商平台上开展的直播。与前者相比较，后者具有更大的影响力，不仅体现在观看的人数，还有对于产品购买的转化等方面。主持人在推荐过程中，既有产品基本情况的介绍，又有现场促销信息的发布，还可以与现场的粉丝进行即时互动，随时回答用户提出的关于产品的问题。这种形式类似于在集市上卖家与买家之间进行的现场交流，对用户刺激的力度远远超过简单的图片式广告的展示形式。图片式的广告展示，是用户个人在网络上进行浏览、比较、下单。而在直播环境下，是一群人进行集中观看，他们可以对产品或主持人进行评价，互相交流，互动性更强。用户在平台上进行集中观看，观看过程中，容易受到其他用户的影响。

　　整体来看，电商直播具有以下两大优势。一是电商直播具有很强的精准性。凡是参与到直播中的用户一般都对直播的内容有一定的兴趣。二是电商直播下的用户可以边看边买，部分头部的网红主播几个小时的直播会带来几百万人观看，其网店一天会取得几千万甚至过亿的销售额。直播过程中，主持人可以和粉丝进行多种形式的互动。例如虚拟礼物打赏、提问、点赞、聊天、评论、送红包、抽奖、购买等。直播这种形式比电商平台上商品的详情介绍和评价更加真实、生动、全面。淘宝直播栏目"八号化妆间"活动连续抽奖六轮，进行连续的抽奖，目的就是长时间留住顾客，只有将顾客留下来了，才可能有后面的购买，这与实体商业本质上是相同的，这样就能够大大提升用户的黏性，让用户拿出更多的时间与品牌进行接触，自然增大了后续的购买概率。

4. **第四阶段：电商平台个性化智能推荐阶段**

随着移动互联网的发展以及移动智能终端的普及，越来越多的用户通过手机终端进行购物。通过手机终端进行购物的特点是任何一部手机对应一个用户，用户的基本数据、兴趣数据、消费数据被完整记录下来。用户在平台上基本是一个透明体，也就是说平台非常了解每一个个体，当这一个体在平台上进行登录时，电商平台可以非常精准地向其推荐具有针对性的产品信息。

个性化智能推荐自然强调向用户推荐符合其个人情况的精准信息。例如，"千人千面"是淘宝2013年提出的新的排名算法，强调的是网页展示产品与目标客户的匹配性。淘宝可以向目标客户呈现那些最近点击、浏览、收藏过的产品。当前，手机淘宝已经基本上实现了"千人千面"，即每个人打开手机淘宝看到的页面都是不同的，用户打开后看到的信息是与自己密切相关的。

移动互联网环境下，尤其是90后、00后成为购物的主力军，他们的购物行为发生了很大的变化，不再是以往带着一定目的性开展搜索商品的行为，而是一种边浏览边购物的形式，在浏览中完成购物。例如，用户并没有特定的购买目的，只是习以为常地在手机淘宝上进行散漫的浏览。在浏览过程中，可能会被淘宝上的核心模块例如淘宝头条、淘宝直播、猜你喜欢等所吸引，进而进行浏览，浏览过程中产生购买兴趣然后实施购买行为。这种购买已经成为当前淘宝购物上非常主流的一种方式。针对当前火爆的直播，淘宝也开通了直播模块。原本没有购物需求的用户在看到直播中主持人现场演示后，或许会与其进行交流，而主持人会实时地与其进行互动，这也是直播非常典型的特点。用户产生好感，或者受到限时优惠等刺激，然后实施购物行为，一次购物行为就发生了。

也就是说，用户在休闲娱乐的过程中完成一次购物行为。整体来看，通过在电商平台上的搜索去选购商品仍是一种重要方式，但是这种方式的比重在持续降低，而通过浏览进行的随意式购物比重在上升。作为卖家来说，必须主动关注这种变化，深刻理解这种变化背后的动因，并对自己的营销策略做出积极调整。用户很多时候在今天的网络购物行为是在浏览中购买，在娱乐中购买，是无目的的购买。用户的购物习惯、购物行为已经发生了深刻的变化。手机淘宝有个"附近的人在买啥"的功能，就是基于用户地点附近的用户的购买行为。有时，消费者在不知道买什么的情况下，看一下附近的人的购买表现，可以了解大家的购物情况，既增加了乐趣，也可能受到从众心理的影响，采取近似的购买行为。这就是一种典型的无目的购买。

今天，淘宝的流量来源多样化。在淘宝这种平台上的营销活动，卖家必须积极进入到能够带来巨大流量的核心模块，如淘宝头条、有好货、必买清单、淘宝直播、实惠好货、猜你喜欢等都有极强的吸引流量的能力，上述任何一个模块每天都带来巨大的流量，卖家在财力允许的情况下应该将其产品置于这些核心模块中去，才会吸引更多用户的关注与购买。如果固守过去的思维，寄希望通过竞价排名或者选购营销产品，可能会导致营销成本的急剧上升以及较低的转化。

从本质上来看，淘宝平台的"千人千面"实际上采取的一种与用户更加精准的互动。在以前，用户搜索一个产品，可能会随机出来这个产品大类下的一个小产品。虽然同属于一个大类，但是可能无法满足用户具体的、细微的需求。而"千人千面"这种个性化的智能推荐则实现了更加精准、更有效率、更个性化的互动。用户既有的浏览和搜索行为实际上不断地为自己画像，让自己在企业和平台面前更加清晰。用户网络上的行为越多，对其行为的记录也就更多，平台对其了解自然更加精准。这样就使得企业和用户之间的互动更加简单，更加直接，用户需求什么，平台就向其推荐什么，用户喜欢什么，就向其推荐什么。二者处于一种频繁、和谐的互动中。因此，当前的营销环境下，消费者进入网络平台，平台会以智能的方式向其推荐用户关心的商品。平台对用户自身的了解有时候可能会比用户对自己的了解更深刻。

综上可见，从最初用户带有目的性积极的搜索，到平台提供营销产品吸引用户，电商和社交的结合，再到当前的智能营销，电商营销的操作模式已经发生了巨大的变化。现代电商在互动的基础上，对电商进行了重新定义。

（二）电商营销：构建成交平台

整体来看，电商营销与互动营销框架下的其他营销方式相比，其最大的特点是通过这种营销方式可以迅速达成销售，大部分的传统营销模式对于企业的销售难以产生即时的影响。迅速达成销售这一特点对企业来说具有很强的吸引力，因此，许多企业将电商营销作为其营销战略的重要组成部分。电商营销迅速达成销售具有以下三个特点。

1. 精准性高

企业是开展电商营销的主体，电商营销的精准性是企业非常看重的一个优势。电商平台上，用户会进行浏览、比较、收藏、购物、评论等多种行为。而这些行为不会随着用户行为的结束而消失，而是会在平台上形成痕迹，企业自然可以基于用户的这些网络痕迹来对其做出判断，从而影响客户。尤其是随着移动互联网时代的到来，大部分用户都会在固定的终端上面进行消费、表露内心，这样就很容易了解作为个体的用户。与传统营销中的一对多的营销相比，电商营销可以使得企业和用户之间展开一对一的精准沟通。

例如，在淘宝平台上，直通车是典型的营销产品，是淘宝平台上付费的自然流量，是基于用户的搜索，这是前提。用户进行搜索，平台就给予用户相应的推荐，完全是基于用户特征或需求基础上的推荐。除了淘宝平台，京东等其他电商平台也开发了一系列类似的营销产品，这些营销产品可以将营销的信息即时推送给对这些产品有需求的用户。

从当前火爆的电商直播来看，电商直播场景下，是主持人和一群用户进行互动沟通。尽管是主持人面对一群用户，但是主持人可以做到和独立的个体进行直接沟通，这也是电商直播能够吸引用户的重要原因。直播平台上经常开展预售活动，预售成功的前提则是通过直播平台与用户进行充分沟通，当主持人在直播平台上和用户沟通好，确定了需求的数量时，企业可以根据需求来组织生产。

电商平台上，针对不同需求的用户，平台可以基于用户特征进行特定信息的推送，例如个性化推荐。个性化推荐主要是基于用户以往的搜索、购买行为，向其进行特定商品的推送。如果没有这些数据，则可以根据用户的地域、年龄、性别等来进行推荐，或者进行关联商品的推荐等。显然，用户在平台上时间越长，或者浏览、购买行为越多，平台对其了解就越深刻、越全面。手机淘宝页面上的"猜你喜欢"模块，就其实质而言则是对用户的个性化推荐。这显然是一种较为精准的营销方式。

精准是电商营销的重要优势。但是，对于这种优势我们应该理性去看待。以前，我们在电商网站进行搜索，搜索后我们经常会收到企业类似的推荐。这可谓精准。比如，按照个性化推荐的原理，用户搜索什么，我们就推荐什么，这有其自身的道理。但是如果这种搜索是不经意间错误的搜索，或者用户搜索之后就进行产品购买。在把握这些用户痕迹的情况下再向其进行推送，这算精准吗？答案是否定的。从这个意义上来说，对用户行为的判断不应该是一次，而是多次，多方位基础上的推荐才有价值。如果用户的一次搜索，带来的是此后很长一段时间的被推荐，甚至用户已经购买了产品，满足了自己的需求。这时的推荐不能简单地认为是一种精准，甚至可能是对用户的骚扰。

因此，精准不是简单的用户搜索过什么平台就向其推荐什么这么简单的理解。其实还可以从其他维度来综合理解精准。例如对于相关产品的推荐在一定程度上来讲也是一种精准，或者说是一种更加高级的精准。基于用户目前的状态，来对其半年、一年后的状态进行预测，从而推荐满足其需求的其他产品，也算是一种精准。随着技术的推进和实践的发展，电商营销的"精准"也会继续推进，展现出新的意义。此外，除了掌握用户的行为痕迹外，企业还应该对其心理进行更深刻的把握，这可以通过用户在社交平台、电商平台发表的观点等来进行综合考量才能对用户把握得更加精准。

2. 转化率高

企业往往通过营销活动的策划与执行来获得销售的增长、品牌的提升，营销活动可以带来直接或者间接的销售。整体来看，电商营销的销售指向性很强，可以在短时间内达成很强的转化。一般而言，用户在电商平台上的浏览、比较、搜索等行为，目的性较强，就是最终为了达成产品的选购。这样就使得电商营销迅速达成产品的销售成为可能。

对传统的营销而言，企业的营销往往和产品的销售、品牌的打造不同步。一般是通过营销活动打造知名度，提升美誉度，当用户认可了品牌后，销售才会逐渐被拉动，品牌逐渐被接受。企业开展营销活动往往在前，积累到一定的阶段，销售才逐渐有起色。因此，传统营销对于产品的销售拉动不够直接。

而电商营销则很容易直接带来销售效果。电商平台基本都自带搜索，基于电商平台上的搜索行为在需求方面具有明显的针对性和目的性，即产品的购买。在购买之前用户会先进行产品的浏览或者收藏，但是所有这些行为也是直接指向最终购买。搜索行为会带来一连串的相关行为，包括信息的筛选、产品的选择、过往评价的浏览、物流的选择、支付、商品与服务评价等一系列的后续行为。当前，用户在电商平台上浏览式购物成为一种重要的购物方式，作为企业和平台，会利用各种营销工具，让用户心动进而产生购买行为。如手机淘宝，尽管是浏览式购物，但对用户而言，购物仍是其底层的需求。可见，电商平台上的用户是带着需求来进行产品的浏览或者比较，电商营销对其进行刺激，自然很容易带来直接的销售效果。

一系列的销售数据也说明电商营销这种模式在销售转化上确实技高一筹。近年来火爆的直播电商更是如此。例如，2016年4月，美宝莲纽约邀请了多名明星进行同步直播，短短2个小时，超过500万人次观看，卖出10060支口红，实际销售额142万元。❶ 2016 年 5 月，因明星登上淘宝直播推荐奶粉品牌"惠氏启赋"产品，直播时长1小时内，达成超过120万人民币的交易量，直播期间单品转化率高达36%，是日常转化率的足足七倍之多。❷ 企业利用直播这种方式，集中吸引了大量用户的关注，并在销售上实现了突破。可见，电商营销这种手段在达成商品的即时销售方面往往有重要价值。

---

❶ http：//www.sohu.com/a/81838361_218630.2016-06-08.

❷ 熊米电商，淘宝直播和达人会直接转换成钱吗？http：//www.chinaz.com/biz/taoke/2016/0620/ 542449. shtml. 2016-06-20.

3. 形式多样

电商营销的形式随着技术的发展不断实现新的突破。从企业的视角来看，最早桌面互联网时期，企业的电商营销主要是在电商搜索引擎中购买关键词，结合企业自身实际通过购买关键词选择适合自己的位置，对产品进行展示。后来进入移动互联网时代，用户的购物行为偏向移动端，2017年的"双十一"期间，淘宝购物90%来自移动端。电商营销在原来关键词营销的基础上也进行了调整，例如，企业可以基于用户自身的位置，提供更多本地化的服务。手机淘宝下的"生活"模块就根据用户所在的城市提供餐饮美食、自助餐、电影、KTV、酒店客栈、生活服务等本地化的服务。

社交媒体的出现对于电商营销有着重要意义，将电商和社交媒体结合已成为当前开展电商营销的重要思路。例如，许多网店在微博上开通服务。通过微博等社交媒体进行引流，进而吸引更多人对于网店的关注和购买。"呛口小辣椒"作为知名微博拥有659万的粉丝数，其博主在淘宝上运营着自己的网店，用户在关注其微博时，很容易从微博页面进入其网店，引发一系列的后续行为。服装品牌茵曼在电商营销活动中，也与社交媒体相结合。例如，微博就扮演了茵曼与粉丝的互动平台这一角色。茵曼官微在每期节目播出前在微博上放出一些节目中的亮点消息进行预热；播出过程中，官微通过转发明星的微博抛出话题，同时不时地曝光竞拍服装的销量试图激发粉丝的购买欲望；在节目播出过后扮演维护粉丝群体的角色，尽量延长节目的热度和影响力。❶ 顺丰优选是顺丰速递下面的子品牌，作为生鲜电商品牌，计划树立"高端生鲜电商"的品牌形象。为了达成这一目的，在微博上进行了一系列的造势活动。通过吸引人的微博活动可引起了大量的转发和评论，让更多的用户了解到顺丰优选这一品牌，扩大其品牌影响力。

直播电商是电商营销一个重要的发展阶段。直播电商既有电商平台与直播平台的结合，又有电商平台开辟的直播模块。例如淘宝、天猫都开通了直播板

---

❶　王薇. 互动营销案例100（2014–2015）［M］. 北京：清华大学出版社，2015.

块，主持人和用户进行面对面的实时沟通，吸引了大量的网络用户进行观看，也实现了即时的销售。直播阶段，已经脱离了原来"点赞"好评式的简单互动，将互动的形式进一步向前推进。例如，与主持人进行现场的互动，边看边问边买。直播比原来的单向式的广告真实性更强，在说服性上更有力度。

二、电商营销的要素：电商平台、企业、用户

如同搜索营销和社交营销，电商营销也是当前许多企业进行营销传播活动的重要方式。同样，电商营销首先要有营销的平台，电商平台搭建起来之后需要海量的卖方和海量的买方在这个平台上进行互动。卖方将商品通过电商平台进行展示或售卖，而买方则在电商平台上满足自己的需求。基于此，电商营销主要是包括搜索平台、企业、用户三大核心要素。

（一）电商平台：电商营销的实施舞台

电商营销的开展，必须基于一定的电商平台，电商平台是电商营销的承载，平台上，海量的企业与海量的用户聚集在上面。企业和平台之间、用户和平台之间、企业和用户之间展开了多种形式的互动。以企业和平台为例，二者之间通过合作展开互动。为了向用户更好地展示商品，企业需要和电商平台进行合作。例如淘宝平台上，企业需要通过淘宝直通车、淘宝客、钻石展位、微淘等形式，更好地向网络和用户进行展示；京东平台上通过京东联盟、京东快车来向用户进行企业产品的推广。

从整个电商行业来看，电商平台一般分为综合性电商平台和垂直型电商平台。综合性的电商平台销售产品的门类比较齐全，用户可以从一个大的电商平台上获取自己所需要的各类产品，实现所谓的"一站式购物"。而垂直型的电商平台则主要是集中于某一个行业或者某一个领域，成为一个领域内产品的集中销售平台。

不论综合性电商平台还是垂直型电商平台，整体来看它们具有以下特点。

1. 不仅销售产品，同时提供服务

平台上销售的产品往往高度同质化，不同的平台可以销售同一家企业提供

的产品，这样就体现不出平台和平台之间的差异。因此，平台为了凸显自己的差异性，往往会在服务上下功夫。在比拼服务方面，平台可以通过物流配送的速度、退换货、产品的质量保障等方面来加强自身的品牌形象。

2. 高度重视用户体验

体验是用户的感受，电商领域的用户体验指的是用户在电商平台上从浏览到选择、支付、收货、使用产品等全过程的感受。这种用户的体验一方面和用户自己的特点密切相关，另外则与平台提供的产品和服务有密切的关系。亚马逊CEO贝索斯曾经提出过一个词——"用户体验"，这个词至今还被世界上所有的电子商务公司奉为圭臬，不少的电子商务公司把这个概念视为自己经营中的重点。❶ 梳理当前不同的电商平台，几乎没有一家不宣传自己是一个高度重视用户体验的公司。例如亚马逊最早将用户的评论置于产品后面，不管是好的评价还是坏的评价都可以在平台上看到。正如亚马逊CEO贝索斯所言，这样就是为了给用户更好的购物体验。电商平台京东还专门设立了自己的用户体验中心，关注客户全过程的体验。

对于自营电商来说，其用户体验主要是靠平台从商品布局到用户购买过程中平台提供的全方位的服务。而对于平台型的电商来说，其用户体验是和平台上的商家紧密连接在一起的。因此要创造好的用户体验需要平台和商家的共同努力。

3. 开展精准营销

电商平台上用户个人基本情况的数据以及既往的购物行为过程中的数据很容易被记录下来，从而作为平台进行精准营销的依据。根据客户背后的数据，为其推荐商品或者感兴趣的东西。这种方式是由电商巨头亚马逊首创。到今天，尽管各家平台的推荐水平存在差异，但是这基本上已经成为电商平台标配的服务内容，这种方式可以深度挖掘用户的需求，让用户产生更大的商业价值。

从电商平台发展的历程来看，最初电商平台只是对接企业和用户的一个中

---

❶　高文喆. 谁是互联网下一任帮主［M］. 北京：中国华侨出版社，2013.

介，企业在平台上展示，用户在平台上搜索，平台起到连接的作用。后来，平台开发出了一系列的营销产品，这样企业可以更好地将产品在平台上进行展示，用户更容易注意到在平台上进行展示的企业，平台对于企业和用户的价值进一步提升。随着企业和用户在平台上持续、频繁地互动，平台积累了大量关于企业和用户的数据，尤其是关于用户的海量行为数据，精准掌握每一个用户，基于此可以预测用户未来一段时间内的购买行为，从而联合企业向用户进行精准的信息推送，更好对接用户与企业。

（二）企业：积极实践电商营销

企业是电商营销的发起者和实施者。开展电商营销是企业进行电商活动的必然选择。电商和传统商业相比，具有不受时空限制、双方之间交流便捷、整体运营成本相对较低，可以迅速达成销售等一系列特点。因此，大量的企业通过网络平台进行商品的销售。当海量的企业涌入电商平台时，如同线下商业，企业为了凸显自己，必须开展一系列的营销活动，让本企业更好地展现在用户面前，让用户能够被企业的产品和服务所吸引，并采取购买行为。

企业的营销行为必须在电商平台上开展，企业的营销行为需要和平台提供的营销产品相结合。如前所述，电商平台的营销活动经历了上述四个阶段，作为企业来说，要在平台上有所作为，必须积极跟进每一个变化的阶段，了解每一个阶段营销的特点，积极融入这种变化中去。

尽管网络营销如火如荼，但是并不是所有的企业都在电商这个平台上分得一杯羹。企业在这一领域的表现差别非常大，二八效应在这个领域也同样适用。近年来，一大批企业积极顺应电商营销的趋势，吸引了巨量的粉丝，开展电商营销比较火爆的三只松鼠、韩都衣舍等知名电商企业，在淘宝平台上的粉丝数接近2000万，短短几年的时间在网络上做得风生水起，取得了好的销售业绩，赢得了风投的关注。但是数据显示，这样的企业占开展电商企业的占比不到5%，绝大部分的中小企业虽然实施了电商营销，但是并没有取得好的销售效果，在电商的道路上疲于应付，没有找到适合自己的营销道路。

从目前的电商市场来看，网络平台上小卖家感受到很大的压力。流量时代正在式微，对于流量的获取，成本越来越高，且不一定有好的转化。而进入粉丝时代，没有粉丝的企业在与用户进行互动时，随意性太强，无法建立稳定的关系，难以形成忠诚的用户群。当前大部分电商平台上的商家意识到了粉丝的重要性，通过各种方式或者渠道与粉丝们进行互动，以期建立他们的忠诚度。

例如，三只松鼠是近年来通过电商渠道逐渐打造起来的网络品牌，尤其是在与粉丝的互动方面进行了探索。总体来看，其互动呈现以下几个特点。高度重视用户的体验。过去企业为了达成销售，往往不注重体验，只要是对方记住自己的品牌，以后进行购买就达到了目的。三只松鼠则是高度重视用户体验的典范，例如客服对于用户的提问，有问必答，即使客户提出的是和三只松鼠无关的问题，三只松鼠的客服人员也会以一种幽默诙谐的方式进行解答。另外，三只松鼠从产品的品质、物流配送、产品的使用等多个层面给用户惊喜，产生美好的购物体验，吸引用户不断购买三只松鼠的产品。

以前，利用价格上的优势，出于选购便宜商品的目的，用户在电商平台搜索产品后，往往会选取价格较低的产品。有些小的卖家，由于运营成本较低，往往具有一定的价格优势，就会在这样的环境下形成优势。而当前新的环境下，尤其是90后、00后成为网购的主力军，他们对价格的敏感性大大降低。另外，用户进行搜索的比重下降，往往直接进入淘宝的几个关键模块进行体验。由于这几个模块的门槛较高，中小卖家难以进入到这几个模块中。在流量的获取上小规模卖家不再具有优势，用户后续行为例如浏览、购买的概率自然大大降低。作为企业，必须积极跟进营销趋势，固守既有的营销思路没有前途。

从企业在电商营销中的变化来看，企业从被动到主动，从被动搜索到主动出击，到引导用户。如前所述，企业纷纷进驻电商平台，看中的是电商的巨大优势，但是一开始企业在电商平台上基本是处于被动的地位。用户在电商平台上进行搜索，企业才会展示相关的信息。到后来，企业积极利用平台提供的各种营销工具，例如争取通过平台上的黄金位置来提前影响用户。到智能化阶段，企业则是积极与平台达成合作，以更加精准的方式去影响用户。这背后的原理并不神秘，因为用户在平台上的各种数据得到了汇聚，从中可以提炼或者推断出用户的需求。既然较为准确地掌握了用户的需求,在技术的推动下,企业向用户进行精准营销则水到渠成。

(三)用户:易受电商营销的影响

电商营销的目标客户群是数以亿计的用户。当前,用户已经习惯于从电商平台上选购自己需要的产品。中国互联网络信息中心在2018年1月31日公布了第41次《中国互联网络发展状况统计报告》,截至2017年12月,我国网民规模达到7.72亿,普及率达到55.8%。❶据中国电子商务研究中心发布的《2017(上)中国网络零售市场数据监测报告》显示,2017年上半年中国网络购物用户达到了5.16亿人。❷这么多的网络用户数足以支撑电商市场的发展。电商市场上的用户有以下几个特点。

1. 电商平台上的用户其行为可记录、可寻址、可跟踪

这是与线下用户很大的不同。也就是说,在企业和平台看来,用户是透明的。当众多关于用户的数据聚集在一起时,对于用户个体或群体的画像就很容易展现出来。另外,对于用户的理解和把握其实在网络平台上有更多的维度,例如我们可以通过用户在社交平台上发出的声音来判断用户所处的状态以及内心的感受。因此,企业或平台可以更好地去把握电商平台上的用户,从而对其产生影响。

2. 电商平台上的用户更加积极主动

互联网环境下,用户不是信息被动的接收者,除了接收企业的信息外,还会积极主动地去寻求信息,电商营销的用户同样适用。例如在直播电商中,主持人会向用户传播产品、服务等方面的信息,用户也可以就自己的问题主动与主持人进行互动。尤其是网红主播主持的节目,用户作为他们的粉丝,会非常

---

❶ 第41次《中国互联网络发展状况统计报告》发布,http://cnnic.cn/gywm/xwzx/rdxw/201801/t20180131_70188.htm.2018-01-31.

❷ 中国电子商务研究中心,2017年上半年中国网购用户达5.16亿,http://b2b.toocle.com/detail-6415510.html.2017-09-14.

积极地进行提问或咨询。

受到信息感受阈限的影响，一般简单的打折、促销等活动已经很难引起粉丝的兴趣。他们希望营销信息好玩、有趣，最好自己可以参与进去。例如，良品铺子推出了用户促销计划，鼓励用户通过微博、微信等途径进行营销信息的分享，凡是通过用户分享的信息达成的购买，用户都可以得到分成或者红包。这对用户来说，不仅是分成或红包的问题，而是通过做这样一件事情来获得成就感与满足感，尤其是对于自己喜欢的品牌。因此，在向用户进行营销时，企业要把握好用户的这种心理。

电商平台上用户和用户之间的互动更加主动和频繁。《尼尔森的全球广告传播渠道信任度排名》报告显示，让消费者最为信任的品牌传播方式、最容易让人产生购买产品冲动的方式是"朋友家人推荐"和"线上消费者评论"。电商平台上购物后的评论就是典型的"线上消费者评论"，从实践来看，这些推荐或评论给后来的购物者提供了重要的信息参考。许多用户进行主动的分享，或许是真心认可产品或者服务，或者是告知后来者这种产品具有一定的问题，请慎重选择等。通过这种分享，分享者会有一种成就感，感觉到自身发挥了自己的价值，对别人的购物决定有一定的指导意义。当前进行这种评论的简便性，使得用户会积极主动进行分享。1998年，《南极求生记》成为亚马逊最畅销的100本书之一，贝佐斯认为，它之所以畅销"主要是由顾客的书评引起的"。❶这显然也是基于线上用户的评论。

3. 用户的购买动机在发生变化

最初用户选择网购的目的主要是因为便宜、便利、选择性多等因素。但是用户的动机也在发生变化。新的电商平台的发展展示了用户背后的变化。2015年上线的网易考拉海购是网易自营的电商平台，上面有许多国外高端品牌，又十分强调产品的品质，许多产品价格并不便宜，其定位的独特性以及高品质的

---

❶ 理查德·勃兰特. 一键下单：杰夫·贝佐斯与亚马逊的崛起［M］. 马志彦，译. 北京：中信出版社，2013.

产品，使其现在已经成为跨境电商市场份额位居前列的电商品牌。这背后反映出的是用户自身的变化以及由此引起的需求的变化。当前的电商用户，随着经济实力的提升以及消费观念的变化，愿意花更高的价格选购更高品质的商品，从而提升自身的生活品质。

4. 用户更容易受到营销信息的影响

电商营销对用户来说往往可以提供更多的优惠，受到用户的喜爱，从而影响用户的购买。例如，每年的"双十一"之前，各大平台会进行大规模的营销造势，从优惠的政策到具体的产品，许多用户会研究这些营销信息，结合自己将要选购的产品进行选购。例如，平台会提前通过抢红包、发赠券、交定金等促销方式，让用户获利，享受到优惠，许多用户也乐于参加平台推出的这一系列营销活动。

以上是电商平台上用户的心理和行为方面的特点，洞悉用户的这些特点可以帮助企业更好地进行营销信息的传递，更好地影响用户。从用户变化的历程来看，用户从主动到被动，从明确自己的需求到不明确、不关心自己的需求。当前，许多情况下用户主要处于被引导的地位。用户最初在网上购物主要是带有目的性的主动搜索，用户可能因为便利性，或者性价比，需要购买某一些商品，于是在电商平台上的搜索中进行寻找。再后来，用户可能会受到社交媒体上同学、朋友的影响而进行购买。而在个性化智能推荐时代，用户经常会在没有明确购买目的的情况下在电商平台上进行浏览，往往会收到电商平台推送的与其高度相关的产品信息。这时用户的购买行为很大程度上受到平台的影响。

第二节　电商营销的互动产品

海量企业和海量用户聚集在电商平台上，企业要想吸引用户则需要通过平台提供的营销工具。本节仍以当前电商的代表淘宝和京东为例，来分析它们的营销产品，以及基于这些营销产品，各个主体之间是如何展开互动的。

一、淘宝系：行业领先，全方位助力企业需求

淘宝系作为国内最大的网络购物平台之一，一直引领着国内电商行业的发展。尽管有后起之秀如京东，还有一系列的垂直网站，但是淘宝系的电商产品可谓整个行业的风向标，引领整个行业的发展。整体来看，淘宝系的代表性电商产品主要有以下几种。

（一）竞价类工具：直通车

淘宝对直通车的官方定义是：通过买家搜索关键词展现匹配宝贝的方法，将宝贝展现在高流量的直通车展位上，精准地展现到潜在买家眼前，从而使宝贝在众多同品类商品中脱颖而出。❶ 直通车是淘宝系最具代表性的营销产品之一。卖家在海量的竞争对手中要脱颖而出，选择直通车服务是比较简单、有效的方法。直通车出现在淘宝站内的多个区域，一般会用"掌柜热卖"和"HOT"标示出来。直通车服务有两大特点。一是直通车的出现是基于单个用户的商品搜索行为，如同百度的搜索营销，具有用户需求前置的特点，用户是带着需求进行搜索的，容易形成转化。二是直通车属于竞价类产品，用户点击，商家付费。如果仅是进行了有效展示，但用户如果没有进行点击，商家则不用付费。因此，对商家来说，直通车是一种效果较好的营销工具。

淘宝平台提供直通车服务，网络卖家选购淘宝提供的这一服务。淘宝给予网络卖家优质的广告位进行展示，非常醒目地让用户注意到卖家的信息。如果用户对该信息没有兴趣，则该广告位对该用户没有起到实际的作用。而用户如果对这一信息感兴趣，可能会进行点击，只要用户产生了点击行为，平台则将从企业的账户中扣除掉约定的费用。

直通车由于效果比较明显，具有较强的引流能力，大量的卖家纷纷青睐这一营销产品，导致目前的价格水涨船高。尤其是当前移动端，在广告位稀缺的

---

❶ 电子商务研究中心. 实战：直通车引流 提高宝贝展现，http：//b2b. toocle. com/detail--6138066. html. 2013-11-25.

情况下，直通车的价格提升较快，导致小的卖家难以购买这一营销产品。

从直通车这一产品相关的要素来看，它们之间展开了如下互动。用户进行搜索，后台对这种行为进行记录，用户再次登录时，直通车展示位上就会展示用户上次搜索的相关产品。用户点击相关的广告位，展示的是企业的广告，平台从每次的点击扣除相应的费用。

（二）展示类工具：钻石展位

钻石展位是淘宝网图片类广告位竞价投放平台，是为淘宝卖家提供的一种营销工具，钻石展位依靠图片创意吸引买家点击，获取巨大流量。❶ 钻石展位主要是在网页的黄金位置进行商家的产品展示，是典型的硬广。这种硬广和我们在传统媒体上看到的硬广有很大的不同，我们平时看到的硬广就是单纯的广告，和产品是分离的，其作用主要是对我们的记忆形成刺激，即使当时想进行购买，也可能受到多种因素的限制而放弃。而钻石展位这种硬广则不同，它是和商品在一起的。因此当用户看到钻石展位时，如果被其吸引，恰好有这一购买需求，可以迅速达成转化，这是其最大的特点之一。钻石展位实质上仍属于硬广的范畴，因此创意在其中仍起到重要的作用。

钻石展位主要是定向向某类人群进行广告展示，可以有访客定向、兴趣定向、群体定向等多种形式。这种营销产品可以让用户在浏览网页的时候，很容易通过黄金位置的广告位注意到卖家，从而引发点击、浏览、比较、购买等一系列行为。

钻石展位由于处于平台上的黄金位置，因此具有强大的吸客能力。同时，钻石展位这种形式价格较高，适合于具有一定规模的大中型企业，对于小企业来说，使用这种营销产品成本过高，且不一定取得理想的营销效果。

从和钻石展位这一产品相关的要素来看，它们之间展开了如下互动。卖家选择钻石展位，根据展位的尺寸通过在线创意设计平台进行作品的制作，作品

❶ 钻石展位https：//baike. baidu. com/item/%E9%92%BB%E7%9F%B3%E5%B1%95%E4%BD%8D/10934795?fr=aladdin#reference-［6］-3448127-wrap.

通过后可以制作投放的具体计划，然后进行充值。卖家与平台之间主要是按照CPM的方式进行合作，平台按照流量对卖家进行收费。卖家的钻石展位会吸引来到平台上的用户，用户受到吸引后会进行点击，然后产生一系列的后续行为。

（三）效果类工具：淘宝客

淘宝客是帮助商家信息推广的人，主要是按照成交返给佣金。任何人都可以成为淘宝客，淘宝客将带有标记的链接在网络上进行分享后，如果用户通过点击此链接达成了购买行为，就可以拿到一定比例的佣金。如果展示后，用户也进行了点击，有了一定的传播效果，但是最终没有成交，也无法获得佣金。因此，淘宝客这种模式是典型的按照效果付费的模式，非常适合于对于预算有一定压力的中小卖家。

淘宝客实际上是平台帮助企业进行营销的工具。平台开发出淘宝客这一营销产品，企业为了达成自身的营销目标，使用这一营销产品，个人为了拓展自身的影响力或者获取一定的经济回报，帮助企业进行推广。产品销售出去，个人获得一定的经济回报。因此，淘宝客这一产品实现了平台与企业、企业与个人之间的互动。

淘宝客这种产品在互动上有自己的特色，它利用的是网络上的任何人，通过向不同的场景进行主动推送，推送的信息如果能够到达用户并产生用户购买行为，淘宝客就会按照既有的约定分得一定的经济回报。对于许多网络用户来说，进行这种推送可以得到一定的利益，而且基本上没有额外的成本，因此在推广方面积极性较高。

以上是淘宝平台上几种典型的营销产品。通过这些营销产品的使用，各个要素之间展开了不同形式的互动，通过互动，要素与要素之间更加精准地理解对方，更好地为对方提供服务。

二、京东系：后起之秀，跟进淘宝系互动策略

京东作为电商行业B2C的典型代表，发展时间晚于淘宝，结合电商行业和用户的特点，京东也开发了一系列营销产品。

（一）效果类工具：京东联盟

京东集合了一批优质的网络媒体，企业在上面进行广告投放，京东将商品展示给对该产品感兴趣的访客。广告投放之后，浏览、点击均不收费，成交后再进行付费，也是典型的CPA按照广告效果付费的模式。京东联盟旗下有京粉、CPS联盟、CPC联盟、APP联盟、荐书联盟等不同类型的营销解决方案。这些不同的解决方案其核心均是将商品销售出去，引流者在中间赚取佣金。

（二）综合类工具：京准通

京准通是京东旗下的数字营销推广平台，京准通平台包含京选展位、京东快车、京东直投、京挑客四大类广告产品。❶

京选展位主要是给客户提供网页最优质的展位展现给用户，实现短时间内的海量曝光，让用户迅速注意到该客户。计费方面主要是按天进行计费或者按照千人展现进行计费。

京东快车是基于京东站内推广，按点击付费（CPC）的实时竞价类广告营销产品，通过对搜索关键词或推荐广告位出价，将推广的商品、活动或店铺展示在京东站内丰富的广告位上。❷ 在京东网页的多个页面位置直接进行商家信息的展示，展现位置比较灵活。在站内，可以在商品列表页、搜索页左侧推广处、商品列表页下方、搜索页底部等多个位置进行推广。而站外，则可以在新浪、网易、搜狐等网页顶端进行展示。❸ 由于这些位置处于整个网页的核心位置，让用户在浏览网页时不经意间会关注到，因此具有很好的传播价值。这一产品的重要特点是具有较高的精准性，主要展现给潜在购买者。计费方面主要是按照点击或者千次展现进行计费。

---

❶ 京准通营销推广平台https：//baike. baidu. com/item/%E4%BA%AC%E5%87%86%E9%80%9A%E8%90%A5%E9%94%80%E6%8E%A8%E5%B9%BF%E5%B9%B3%E5%8F%B0/19772694?fr=aladdin#reference-［3］-17726025-wrap.

❷ 京东快车产品介绍，http：//xjzt. jd. com/kuaichemedia/1014. jhtml. 2016-09-21.

❸ 京准通，https：//jzt. jd. com/gw/kuaiche. htm.

京东直投是一款通过精准定向进行付费引流的产品。商家通过在京东直投即可获得百亿级腾讯系海量流量，包含QQ空间、腾讯朋友网、QQ客户端（QQ秀）、每日精选页卡及腾讯网等海量优质资源位。❶ 计费方式主要是按照点击或者千次展现来计费。

京挑客成立于2010年，是按照实际成交额给推广者支付服务费的广告投放模式。❷京挑客汇聚了多种流量资源，可以为自营和第三方商家提供按照成交额来支付服务费的模式。这种模式下，展示和点击不收费，只有达成交易后才会按照约定收取服务费，因此风险较低，尤其适合于平台上的中小企业。

以上是京东系的相关营销产品，结合前面淘宝系的营销产品，我们发现二者其实有很大的相似性。例如，京选展位类似于淘宝的钻石展位，京东快车类似于淘宝的直通车，而京挑客类似于淘宝的淘宝客。京选展位、京东快车、京挑客其互动的基本原理也类似于钻石展位、直通车、淘宝客等。

京东平台为了更好地与企业进行互动，还发布了"京东专享""京东倾听""促销效果分析"三款新产品。"京东专享"主要是向用户推送符合用户需求的个性化的信息。"京东倾听"主要是帮助品牌诊断营销中存在的问题，并提出未来的建议。"促销效果分析"提供从促销准备到执行再到评估整个促销链条上相关的分析报告。

第三节 电商营销互动机制研究

近年来，大量的企业纷纷在网络上拓展新的渠道，开展电商活动。开展电商活动不是企业在电商平台开通自己的网店就可以自然获得流量和销量。作为网店和消费者之间必须进行充分沟通，得到消费者的认可，才可能获得较高的

---

❶ https：//jzt. jd. com/gw/zhitou. htm.

❷ 京挑客，https：//jzt. jd. com/gw/jtkintroduction. htm.

流量和销量。此时，电商营销的作用就体现出来。在当前的电商环境下，商家越来越注重对消费者的营销活动，不仅利用电商平台上的各类营销产品，例如淘宝平台上的直通车、钻石展位、淘宝客等，还积极利用其他社交平台、搜索平台的力量等进行全方位的整合来开展电商营销。电商营销的核心是商家通过多种手段和消费者进行沟通，充分调动其积极性和主动性，让消费者更好地关注企业、认可企业，通过和企业在互动过程中获取具体的利益或体验，进而持续关注和购买产品。

为了研究电商营销的互动机制，本节选取了25家具有代表性的企业进行分析，见表5-1。所选企业为食品饮料、汽车、家电、美妆、服饰等10个与我们生活密切相关的行业下的企业。选取这些案例的标准主要有，企业在近年来通过电商平台开展了电商营销，具有较高的行业影响力，取得了较好的传播效果或销售效果。

表5-1　25家代表企业及其所属行业

行业	企业	行业	企业
食品饮料	百草味	美妆	欧莱雅
	来伊份		强生
	褚橙		韩后
	小尾羊		
	可口可乐		妮维雅
汽车	奔驰smart	服饰	茵曼
			乐町
	别克君威	网店	张大奕网店
	奔驰smart BoConcept		良品铺子
	宝马	交通运输	顺丰优选
家电	飞利浦 汽车生活	箱包	Mulberry
	西门子	酒店	水舍酒店
	方太	生活用品	维达
	飞利浦+好声音		

　　上述这些行业为什么积极运用电商营销模式呢？随着用户生活习惯和消费习惯的变化，用户的注意力和消费行为向网络端转移，利用网络这一渠道和用户进行接触成为商家不得不面对的一个问题。同时电商这种方式具有自身的优势，可以让企业接触到新的客户群体，却没有地理空间的制约。因此，大量的企业纷纷开展电商活动。在各类平台上，企业通过合理运用电商营销的营销产品可以让企业与用户进行充分沟通，满足用户的多方面需求。

　　本节的研究主要是基于对上述25家代表企业的梳理和分析，如同搜索营销和社交营销部分的体例，以下是上述案例梳理中的一部分，见表5-2。本节的研究依旧是从营销诉求、互动元素、互动特征三个维度进行了整理，并在此基础上进行分析。

表5-2　本节案例的分析框架

品牌名称	营销诉求 传播信息、提升影响/吸引流量/提升形象/提升销量	互动元素 促销活动/广告展位/游戏/故事/话题/其他	互动特征
奔驰smart	传播信息	促销活动	方便、购物体验独特
褚橙	传播信息、提升影响、提升形象、提升销量	名人	立体化互动
别克君威	提升知名度，扩大影响力，带动销售	故事、网友收藏夹	线上线下结合
奔驰smart BoConcept特别版	提升销量	促销活动、朋友圈	线上线下结合
飞利浦	传播信息、促成引流	话题；广告展位：直通车、钻石展位、淘宝客等	站内站外互动相结合
西门子	传播信息、提升形象	话题、漫画、促销活动	用户积极参与讨论
顺丰优选	提升形象和销量	网站二维码、话题	线上线下相结合
茵曼	提升形象和销量：品牌影响力提升和销量增长	话题、明星	用户即看即买

品牌名称	营销诉求	互动元素	互动特征
	传播信息、提升影响/吸引流量/提升形象/提升销量	促销活动/广告展位/游戏/故事/话题/其他	
别克	提升影响与销量	故事、噱头；促销活动：抽奖	精准
Mulberry	传播信息、吸引流量、提升形象、提升销量	虚拟体验店、微信公众号	方便、用户即看即买
水舍酒店	传播信息、吸引流量、提升形象、提升销量	微信公众号、名人	方便、用户即看即买
良品铺子	制造营销活动，促进销售		
欧莱雅	全程直播明星戛纳电影节台前幕后，尤其化妆阶段，以此卖货	名人	方便、用户即看即买

一、企业营销诉求以提升销量与吸引流量为主要目的

经过统计，本节选取的25家企业电商营销案例中，20家企业的案例明确提到了通过电商营销这一形式来提升企业的销量，有5家企业的案例中没有提及提升销量的问题，见图5-1。实际上，企业开展电商营销的根本目的都是以提升销售为中心，有些尽管短期内没有销量方面的要求，或许是为了拓展渠道、吸引流量、提升影响、加大与用户的接触频次，或者进行品牌的展示，但长远的或者根本的目的还是提升销量。

2013年，奔驰smart组织的"13万5圆你'奔驰'梦"的团购活动，通过图5-2可以看出不同的团购人数对应不同的团购价格。显然，这一案例营销的诉求主要就是销售。类似的营销案例较为普遍，企业开展电商营销的主要营销诉求就是提升产品的销售。

位居第二的营销诉求是吸引流量。25家企业中，14家的营销诉求是提升流量。对电商企业来讲，流量可谓电商的命脉。没有流量就意味着没有关注，没

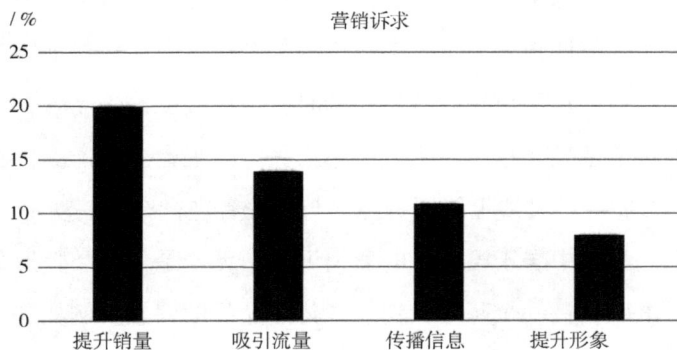

图5-1　所选案例中企业的营销诉求

图5-2　奔驰smart13万5圆你"奔驰"梦团购活动

有关注也就无所谓品牌形象、无所谓销量。我们看到企业开展电商营销会通过各种方式为自己进行引流。而流量的背后意味着高品质的产品、良好的口碑、持续的营销等因素。企业会通过不同的策略来吸引流量，既可以利用电商平台上的营销产品，也可以利用其他渠道。例如在社交媒体上制造话题，让用户对话题感兴趣，进而关注店铺。还可以通过传统的营销方式，例如将品牌植入热门的影视作品中，提升品牌的影响力。百草味作为干果品牌，为了提升影响力，吸引更多流量，除了在线上进行推广之外，还在热门电视剧中进行了品牌植入。在《灰姑娘与四骑士》《打架吧鬼神》等作品中，用户都能看到百草味的品牌植入，这样会让用户在收看电视剧时自然地接受这一品牌，进而为后期的购买等行为打下基础。总之，企业要想为其电商平台上的产品进行引流，就需要多管齐下，整合各类线上线下资源，与消费者进行充分互动。

传播信息是案例中居于第三位的营销诉求。无论是传播品牌形象，还是提升产品销量，电商营销一个基本的功能是传播品牌的信息。例如2016年，百草味对新品"抱抱果"上市进行了推广，"抱抱果"实际上是以前的"枣夹核桃"，但如果不进行适当的推广，消费者很难在短时间内知道"抱抱果"为何物。为了向消费者传播这一信息，百草味研发了智能NFC特别版包装，贴近NFC芯片的用户的手机会收到两只熊拥抱的图画，增加与客户沟通的乐趣。此外百草味还在天猫旗舰店制作了"抱抱果"的虚拟产品，用户添加"抱抱果"到购物车可以获得免单。企业通过多种方式向用户传播了"抱抱果"的信息。

上述案例中排在第四位的营销诉求是提升形象。知名度、流量都是影响电商的重要因素。如同传统商业，品牌形象对于电商品牌同样有着重要的影响。因此，企业做电商也需要在品牌形象的打造上下功夫，例如案例中的褚橙，见图5-3。本来生活网作为销售褚橙的主阵地，利用了褚时健的励志故事，将褚橙进行了恰当的包装，使得褚橙在消费者眼中不是一颗普通的橙子，而是一个励志的符号，这样就大大提升了褚橙的品牌形象。

图5-3　本来生活网包装的励志橙

综上可见，企业开展电商营销有着多样的营销诉求，有时企业的营销诉求是单一的，但更多时候是多元的。整体来看，企业开展电商营销主要是围绕着提升销量和吸引流量两个目标展开的。

二、互动元素：传统营销元素与电商平台上的营销元素的结合

与搜索营销、社交营销相同，电商营销的开展也依附于一定的元素。电商营销依附的元素中，既有与其他营销方式类似的元素，又有自己独特的元素。类似的元素例如促销活动、话题、明星、故事、游戏等，因为电商脱胎于传统商业，具有与传统商业一致的地方。以下这些传统营销常用的元素也经常被用于当前的电商营销中。

1. 促销活动

促销活动是电商企业向用户进行营销的一种方式，企业和用户之间围绕促销活动展开了多种形式的互动。例如，2016年"双十一"之前，老板电器在网上抛出"500万寻主人"的促销活动，引起了社交平台上的广泛传播，由此让大家关注网络上老板电器的"双十一"大促，加上其他一系列营销手段的配合，活动引起了大范围的关注，最终带动了2016年"双十一"期间销售额同比40%的增长。

企业开展电商营销时进行类似的促销活动已经成为一种普遍做法，这种手段可以在短期内迅速提升流量和销售，是大部分企业在开展电商营销时绕不开的互动元素。

2. 话题

在当前的营销环境下，单纯的硬广传播的营销效果越来越差，而通过制造一个消费者关心的话题，让消费者参与到话题的了解和讨论中去，会使用户更容易接受品牌及其相关信息。话题已经成为企业开展电商营销活动常用的互动元素。

2014年5月，顺丰优选在北京、上海、杭州三地开展了地铁站免费向美女送荔枝的活动，引起了社会关注，成为网络上的热门话题，再辅以一系列的趣

味性的平面广告和线下的推广活动，使得顺丰优选树立了"高端生鲜电商"的品牌形象，达到了预期的传播效果。

2016年，西门子为了宣传自己的新产品，在社交媒体上主动发起了生活中"晾衣难"的话题，这一问题带有较强的普遍性，因此引起了大众在社交媒体上的讨论和转发，大家积极分享生活中如何晾衣服以及遇到的各种困难。在视频、社交网站形成较强的话题效应后，西门子顺势推出了产品。这样大众由对"晾衣难"话题的关注转移到西门子产品上面，再配合一定的促销活动，最终活动获得了很好的关注和销售。

3. 明星

明星一直是商业活动中的重要元素。企业在开展电商营销活动时，也常常运用这种元素。这种方法可以在短时间内迅速集聚用户注意力，尤其是明星对于粉丝的吸引能力较强。

例如2016年7月，纸巾品牌维达邀请林志玲进行"首穿纸巾婚纱走秀"活动，并进行了大范围的网络直播，迅速成为社交媒体上的热门话题。随着话题的传播，维达电商的业绩有了大的突破，当年7~8月，维达电商的业绩增长了83%，取得了传播与销售效果的双丰收。

4. 故事

与传统商业中的故事营销类似，电商营销也可以通过讲故事的形式引起用户对于品牌的关注。褚橙热销的背后就是讲述褚时健75岁高龄创业再出发的故事，大量的用户是因为被褚橙背后的故事所打动。褚橙没有运用惯常的促销手法，而是通过讲述产品背后的故事，引发社会大众的共鸣，成为网络上的爆款产品。企业在开展电商营销时，如果能够合理利用故事元素，成功吸引大众，就可能获得打折、促销等方式难以达到的传播和销售效果。

5. 游戏

人类具有娱乐的天性，游戏是其中的一种手段，游戏也可用在电商营销中。例如可口可乐在2016年举行的穿越异次元奥运AR游戏。用户进入天猫APP可以体验奥运主题的游戏，通过AR技术来扫描可口可乐的logo就可以触发游戏，通过操作可以赢得限量的奥运纪念勋章。另外，用户还可以进入可口可乐天猫旗舰店进行产品购买。最终该游戏为可口可乐天猫旗舰店带来极高的访问量和销售转化。

除了上述的共有元素以外，电商营销还具有自己独特的元素，例如电商平台上的直通车、钻石展位、淘宝客等。上述元素具有以下特点：将企业和用户进行直接沟通、效果可精准衡量、提升沟通效率等。因此，这些互动产品受到企业的青睐，成为企业开展电商营销绕不开的互动产品。2014年8月20日至9月25日，飞利浦携手中国好声音，进行了站内站外的集中推广。在站内推广方面，飞利浦整合使用了淘宝直通车、钻石展位、淘宝客等多款互动产品，多款互动产品的联合使用使得该活动产生了极大的影响，在站内的推广取得了很好的营销效果，飞利浦淘宝店铺的客流量和销售额有了显著提升。

另外，近年来，直播电商也成为电商营销的重要手段。通过直播这种形式，企业将信息有效传达到受众，而明星参与的直播则会产生更大的影响力。例如2016年的戛纳电影节上，欧莱雅直播了几位明星电影节的台前幕后，尤其是在化妆阶段将欧莱雅的产品一并展示出来。通过直播，4个小时的时间实现了在线30多万人的观看数量，明星的同款唇膏在天猫旗舰店销售一空。

从对上述案例的分析可以看出，电商营销除电商平台上的互动产品外，大量运用了传统营销方式中的诸多元素。企业开展电商营销，应该根据行业状况和企业实际，选择合适的传播元素，才可能取得理想的传播效果和销售效果。

三、互动效果：直接促成即时销售成为显著特点

企业开展电商营销的主要目的是促进销售，而销售的前提是通过各种互动元素进行商业信息的传递。上述案例中，我们看到通过一系列互动元素的运用，大部分案例在品牌的传播效果和销售效果方面都有了很大的提升。一个好的电商营销活动往往首先会吸引用户的关注、评论、转发等行为。例如别克在淘宝上以"一再心动"大纸箱为神秘快递事件的噱头，引发大家对"为一再心

动买单"活动的关注。活动网站的访问量达300多万次，独立访问量达近200万人次，超过了企业预期的传播效果。

在信息传播的基础上，企业更希望看到的是销售效果的提升。例如，2013年，奔驰smart在淘宝聚划算上的团购活动，在进行了充分的营销传播的基础上，205辆车在一天多的时间被抢购一空。2014年，西门子在几大电商平台举办了"西门子家电洗干季活动"，传达了新的洗衣理念，活动期间，西门子洗涤产品的销量迅速提升，活动结束后，在各大电商平台上的销售额达到了2169万元，超出了企业的预期。

通过对上述案例的梳理和分析可以看出，电商营销主要是各类商家基于企业不同的营销诉求，以销售产品、吸引流量为核心，运用各种互动元素，促使用户和商品进行充分互动的营销方式。电商营销在实施过程中，既可以使用电商平台上的各类互动元素，也可以灵活运用传统营销方式中的多种元素。这样才会充分调动用户的积极性，在此基础上实现用户和商品更好的互动。

第四节　关于电商营销的思考

一、电商营销积极推动电商的发展

互联网技术的发展推动了电商的产生与发展，电商的发展使得传统线下大量的商业活动转移到了线上，商业模式发生了巨大的变化。商业模式的巨变带来了一系列的变化，作为企业运营过程中关键环节的营销也受到了极大的影响。以往线下的促销活动，依靠媒介的单向、高频的广告传播活动在新的环境下无法发挥既有的作用。传统的营销模式受到多方面条件的制约，难以解决营销精准评估的问题。例如，在媒体上进行的广告投放带来了多少的销售额、多高的转化率，许多情况下都只是一个大概的数字，无法进行准确反映。而电商营销由于直接涉及成交，一次营销活动带来的营销效果很容易通过具体的数据准确反映出来，使营销效果得以进行精准评估，解决了以往营销效果粗放的问题。以电商营销为代表的互动营销方式因其自身的优势，成为企业纷纷青睐的营销方式。

每一个阶段电商的发展，背后都离不开电商营销的积极推动。从早期带有明确目的的搜索式电商营销，到搜索与社交相结合的电商营销，再到当前的智能营销、直播营销，都在以不同的方式推动着电商市场的发展。在每一个阶段都有一批先行者，它们积极跟进平台战略的发展和调整，配合各大平台，积极尝试各类营销产品，取得了很好的销售效果，提升了品牌的影响力。

对于电商的发展来说，不管是PC端，还是移动端，流量就是命脉，没有流量就没有一切。而流量的来源主要有以下途径：一种是自然的流量，用户会主动而来，另一种则是靠对用户吸引而来的流量，这种流量更多地是通过营销手段的作用来实现的。目前来看，现在电商流量的特点是来源具有多样化。例如，目前企业进行电商营销，其流量既可能来自用户的主动搜索，也可能来自企业社交平台带来的关注，还可能来自通过内容营销等方式吸引用户的主动关注。当然，上述几种来源并不均等，在不同的发展时期，会有不同的表现。既然流量的来源具有多样化，作为企业要与用户进行沟通，既可以全方位出击，也可以根据企业自身情况选择适合自己的路径。

电商营销既有传统的营销方式，例如通过旗帜广告向用户进行促销信息的传播，也有基于数据基础上的精准营销，电商营销的重要特色在于后者。例如，亚马逊网上书店在顾客购买特定书籍时，通过书籍推荐服务，即出现"你可能喜欢的书"从而诱导顾客购买书籍的服务，大大提高了效益。亚马逊售出的30%的书籍都是通过这项推荐服务来实现的。❶ 这是一种典型的精准营销模式，亚马逊售出的30%的书籍靠这种推荐服务来实现，显然对用户的需求进行了深度的挖掘。这种做法的背后是数据和算法的共同推动。亚马逊需要根据大数据系统来了解用户的需求，结合有类似需求的其他用户的行为，建立模型，

---

❶ 柳永镐. 亚马逊经济学［M］. 李大雷，译. 北京：电子工业出版社，2014.

通过算法来预测该用户的需求。

综上可见，电商在向前发展的过程中，电商营销起到了至关重要的作用，电商营销多样化的形式也在不断变化和发展。

二、电商营销发展中的问题与策略

电商营销在推动电商大发展的过程中功不可没，但是我们同时也应该看到，电商营销在发展的过程中也面临着一系列的问题。这些问题的存在，制约了电商的进一步发展。

（一）传播虚假信息，损害用户利益

电商营销中存在虚假宣传的问题。例如平台上对和产品相关的关键数据进行修改，以满足多方的需求。锤子手机在天猫平台上的预定数曾经被夸大，三倍于实际销量。事后天猫承认对后台数据进行了修改，阿里集团也对此进行了惩罚。作为天猫平台都需要进行数据的修改，那一般的电商平台也难免进行数据造假。实际上，互联网上的造假相对比较容易，并不只是电商营销可以进行造假，例如直播领域对于收看人数也会进行造假。2016年"斗鱼"直播平台直播"英雄联盟"时，聊天室显示有13亿人观看，其造假水平之低显示了这一领域的乱象。

在运营过程中，商家会通过各种方式进行刷单以此做大销售数据。刷单是电商营销一直存在的问题。不过，刷单在不同的时期，也有不同的表现形式。最初，卖家为了将销量变得更大，会通过自己的亲朋好友进行刷单，但卖家的朋友毕竟有限，卖家与卖家之间就进行资源的置换，自己的好友为对方刷单，对方的好友为自己刷单。但是这种方式毕竟做不上规模，销量难以有大的提升。后来，网络上也出现了专兼职的刷单队伍，他们拥有大量的用户资源，可以在短期内迅速将销量提升上去。前提是卖家要和他们达成协议，付出一定的经济成本。在这一过程中，平台也对这种行为进行了管理和控制。目前，卖家的刷单行为又有了新的形式。笔者对淘宝、天猫店主进行了访谈，店主谈到，以前的刷单行为效果越来越差，平台对其的管理也越来越严格，对其做出的惩

罚措施也越来越严厉。但是，销售额上不去又会影响后面的销售。现在行业内的高级做法叫自建"养鱼池"，就是将一部分粉丝维护好，平时做好日常的不定期互动，到冲击销量的时候与粉丝进行沟通，比如可以说为了好的销量，需要粉丝们帮忙，通过发放小礼品调动粉丝们的积极性，让粉丝帮忙把数据做漂亮。由于平时良好的关系，加上小礼品的刺激，多数粉丝一般都会配合企业的这种行为。结果是粉丝获得了赠品，企业的销售数据得到了保证。后来的买家看到卖家的销量或者好评，则很容易感觉卖家可靠。而这实际上不过是通过一种更高级或者更隐蔽的方式进行的数据造假行为。随着各种刷单行为而来的则是用户的评价。显然，这些刷单行为带来的好评自然是不客观的，具有虚假性和诱导性。

刷单也是企业和用户之间、用户和用户之间的一种互动形式，但是显然这种互动不是良性的，用户为了利益成为卖家刷单的工具，会影响到后来的用户的购买行为。当用户在网络上进行其他品类产品的购买时，也难免会受到其他用户刷单的影响。

修改销量也好，刷单也罢，这些行为带来的弊端是非常明显的，当然也会给商家和平台带来暂时的利益。但这些行为对于那些认认真真经营的商户形成了很大的冲击，会带来劣币驱逐良币的效应，对于用户是一种虚假的宣传，对其进行了错误的引导。如果品质过硬，这种行为带来的负面影响不大，如果品质存在问题，由于这种虚假宣传带来了较高的销售，后面的售后服务等问题会面临很大的挑战。客户无法对卖家形成忠诚，甚至导致对整个电商行业的不可信，当卖家通过数据造假带来更多的利润时，刷单、修改数据这些行为很容易像病毒一样进行迅速传播，品牌形象必然受到损失。锤子手机有一批罗永浩的忠诚粉丝，当看到自己尊敬的企业用这种方式来欺骗自己时，必然会大大降低对品牌的忠诚度。

为什么会有电商平台和卖家的造假行为，究其根本，利益的驱动是主要原因。电商平台将销售额做得足够高，才会有更多的用户登录平台，才会更好地吸引商家，才会更好地吸引风投的关注。对商家来说，由于销售量等指标对于用户的购买有着很强的引导作用，将数据做大，能够带来更多的用户，符合商家的商业利益，销售额上去了，商家也会占据更有利的位置。对用户来说，用户喜欢通过数字的比较来做出决定，例如，选择销量最好的产品，这是典型的从众心理在消费中起作用。因此，表面看来，这些造假行为或许会带来各个主体短暂的繁荣。但是从长期来看，这些行为有百害而无一利。在未来，政府相关部门必须加大对于电商营销中虚假宣传等问题的打击力度，严格执行《中华人民共和国反不正当竞争法》等法规来规范电商市场，加大各方面的监督力度，尤其鼓励用户监督，逐步改善电商市场的行业环境。

（二）营销诸要素中，平台处于过于强势的地位

互联网是一个去中心化的媒介，但是在互联网平台上，再中心化的现象较为明显。电商营销的中心就是电商平台。电商平台提供了买卖双方交易的场所，但是目前核心电商平台再中心化的趋势非常明显。一方面，企业离不开这种平台型的电商平台，因为平台电商意味着巨大的网络流量，流量的背后则是用户。平台型电商意味着海量的购买行为。另一方面，过高的运营成本使得大部分企业在平台上不得不进行大量的网络推广，推广跟不上，销量基本上无从谈起。而推广的费用越来越高，效果越来越不明显。未来，作为平台，如何处理好与企业尤其是大部分中小企业之间的关系，如何在保证平台利益的前提下，又能让大部分客户能够在平台上健康、有序发展，成为未来电商营销必须要思考的问题。否则，流量越来越贵，客户无法持续吸引用户，压力越来越大，当大部分客户压力过大而弃平台而去之时，也是平台自身价值的下降之日。作为商业生态来说，这显然不够健康。

从电商的发展来看，平台在各要素中过于强势，有几次标志性的事件。例如，2011年10月，淘宝商城发布《2012年度淘宝商城商家招商续签及规则调整公告》，调整店铺的技术服务费以及商铺的违约保证金，最高涨幅高达150%，引起了广大中小卖家的不满，上万名中小卖家通过不理性的方式来对抗淘宝，一些大的商家因此受到严重的损失，最终淘宝做出了让步。2013年12月，淘宝启动了"整治虚假交易行为专项行动"，其初衷是规范市场、打击虚假交易。在专项行动开展过程中，淘宝删除了大批可疑商品，降低了部分商家的信用等级。部分卖家同样采取了不理性的方式来对抗淘宝，一些大的卖家无端受到牵连遭受损失，对即将到来的"双十二"产生了破坏性的影响。

任何的商业系统中，各个要素之间往往既相互依存，又有一定的利益冲突。要素之间有强弱之分。就电商营销的要素来看，电商平台不能因为自身实力的强大而肆意妄为。作为实力较弱的中小卖家，在处理冲突时，也不应该失去理性，避免利用法不责众的心态采取纠集一批人来给予对方以压力的对抗方式。现代文明的商业环境应该是各个要素之间的相互理解与相互协调。电商平台与中小卖家进行沟通时，要运用一定的沟通技巧，多一点关怀与帮助，少一点强势与霸道。双方之间需要站在对方的角度来全面地思考问题，或许问题会解决得更加顺畅。因此，未来作为电商营销核心要素的电商平台必须思考如何平衡平台和企业之间的关系，让二者之间能够更和谐地推动电商营销的发展。

（三）当前电商营销过于关注销售效果，对品牌关注有限

从实践来看，电商营销对于产品销量的提升效果明显，但也往往限于短期内。例如，"双十一"销量的暴涨带来的可能是节后销售额急剧下降。甚至有些卖家一年的销售主要就是靠几个大的节日活动来支撑的，而平时则基本上没有销量。这种短暂的销售数字的飙升实际上是透支了未来一段时间的消费需求。许多企业在网上频繁地进行促销，多年下来，品牌没有长期积累。

电商营销难以进行品牌的建构。品牌的建设是一项复杂的工程，以降低价格为主要形式的电商营销难以带来品牌的提升，品牌的打造需要从多个维度入手。电商营销善于在价格上给用户优惠，但是有些品牌需要维持一个较高的价格，价格降低了，用户忠诚反而降低了，品牌价值也会受到影响。企业要开展营销活动，进行品牌的构建，单一的电商营销远远不够，需要和其他营销方式结合，例如以故事营销为代表的传统营销方式。

（四）用户的价值没有进行深入开发

企业开展营销活动的过程，也是一个深入挖掘用户价值的过程，电商营销也是如此。但是整体来看，电商营销模式下，用户的价值没有得到深入开发，尤其是用户的长远价值。电商的重大节日时，企业往往乐于展示巨大的流量和日益高涨的销售金额，例如，每年的"双十一"各家电商平台的销售额是其宣传的重点，尤其是淘宝、天猫平台。从最初2009年淘宝首届"双十一"5000万元的销售额，到2019年的4101亿元的销售额。用户会在这一天爆发出惊人的购物需求。电商市场的迅猛发展和诸多因素有关系，其中电商营销功不可没。然而，电商营销带来这些惊人的数字的背后，作为个体的用户，其自身对于企业未来有哪些价值，目前的消费行为对于未来一段时间会产生哪些新的价值，很少有企业进行深入挖掘与探讨。而这种价值往往对于平台上的企业有着更好的指导作用。因此，对于商家来说，研究已有用户的相关特点，与这些用户进行更好的互动，对于深入挖掘用户价值具有重要意义。

第六章　对互动营销的思考

在今天，用户在互联网上有着多样化的行为表现，大量的行为是和互动紧密相关的。史华兹（E. L. Schwartz）认为，网民进入互联网的目的，并不仅仅是为了寻找信息，更主要的是为了寻找符合自己想象中的他人，以便与之进行互动。❶ 这一观点实际上是和互联网的"互动"紧密联系在一起的，与其他媒体形态相比较，互联网具有极强的"互动性"。用户在网络上会随时展开与其他主体之间的互动。

第一节　三类营销模式下的互动

一、搜索营销：用户与搜索引擎之间基于产品或方案的互动

搜索营销这种营销模式包括了海量的信息供给方和海量的信息搜索方，搜索营销主要是以百度为搜索平台，这一平台具有垄断性、中心化的特点。供给方和需求方需要围绕这一平台开展搜索服务、满足搜索需求。这一营销模式背后体现的是用户和搜索引擎之间的互动。

---

❶ 翟本瑞. 教育与社会——迎接资讯时代的教育社会学反省［N］. 扬智文化事业，2000.

搜索是用户的一种主动积极表露自身需求的行为。搜索营销模式下，用户在搜索引擎上进行具体的产品、企业或者解决方案的搜索。例如，用户会基于自己的需求在搜索引擎上搜索"路由器"或者"怎样选择路由器"。相关的企业可以提供路由器的信息，也可以提供特定的解决方案，在方案中植入自己企业的信息。因此，搜索营销模式下，企业和用户二者之间主要是基于具体的产品或者具体的解决方案进行互动。

二、社交营销：用户与用户之间基于分享的互动

社交营销是一种裂变式的营销传播，具有非中心化的特点，强调的是一种路径的传播。它既包括企业和用户之间的传播，也包括用户和用户之间的传播。这一模式背后体现的是人和人之间的互动。

社交营销模式下，首先，企业会在社交媒体上和用户之间进行充分的互动，社交媒体自身的特性使得二者之间的互动可以做到随时随地、高频高效，二者之间可以就产品以及服务展开互动。其次，用户和用户之间会基于利益、兴趣等进行各种形式的互动。例如，用户就某一问题向自己社交圈的好友进行问询，同样是问询，这种问询由于是用户的好友的直接回答，加入了更多信任的成分。同时，用户和用户之间也可以进行分享。用户的分享对于其好友的认知和行为意义重大，用户和用户之间的互动主要是基于购买体验进行沟通和分享。

三、电商营销：用户与商品之间基于价值的互动

电商营销在营销过程中更加强调商业的变现，用户与商家的互动会带来现金流、物流的转移。这一模式背后体现的是人与商品之间的互动。

电商营销主要体现了用户和商品之间的互动。用户在电商网站的行为包括浏览、点击、比较、收藏、问询、购买等，根本上来说都是基于商品自身的价值。企业在电商平台上的营销行为从形式上来看具有多样化，主要是为了传播商品自身的价值，例如品质、服务、性价比等多方面的内容。当然，除了商品的客观价值外，商品的人格化在电商营销模式下更加凸显出来。电商营销模式

下的商品不再是从前单纯的物品，而是具备了互动的灵性。商品在电商平台上变得更富有人格化。在一定程度上来讲，传统营销也有这个功能，但电商营销让商品这种人格化的特征与用户的沟通更加顺畅。

总体来看，在营销的诉求方面，搜索营销注重传播信息、促进销售，社交营销注重传播信息、促成用户互动，电商营销注重吸引流量、提升销售。在互动的元素方面，搜索营销以关键词为主要形式，社交营销主要是社交产品上的多种形式，电商营销既有电商平台上的多种营销产品，又有大量的传统元素。从互动效果来看，搜索营销会在传播效果和销售效果方面均有明显的体现，社交营销主要是基于分享放大传播价值，而电商营销在直接促成销售方面有重要意义。

从上述三种互动营销的具体形式来看，虽然每一种类型有着自身的特点。但是在互动方面，它们之间存在一定的共性，具体如下：互动的形式不断发生变化，每一种营销模式都在不断丰富自己的营销产品，通过营销产品实现不同主体之间的互动。整体来看，互动的形式越来越丰富、越来越简单、越来越人性化。在看到上述变化的同时，我们应该注意到互动的内核并没有发生改变，核心依旧是让用户更多地参与进去，增强体验，增加了解，从而为实现双方之间更好的沟通打下基础。

未来，不论哪种营销方式产生哪些具体的变化，其互动变化的趋势主要围绕以下几点展开。第一，从延时到即时，随着技术的发展，用户普遍在网络平台上与各个主体展开互动，双方之间的互动越来越即时化，用户与用户、用户与企业之间会根据自身的需求展开更多即时性的互动，这种趋势会越来越明显。第二，从人与人的互动到人与机器的互动，随着人工智能技术的发展，机器对人的了解会越来越全面、越来越深刻，基于此，企业在与用户进行互动的过程中，会加大用户与机器互动的比重，人与机器之间的交流形式也会更加丰富，文字、语音、手势等都可以作为交流的具体形式。第三，从间接到直接。过去，主体之间在互动时往往具有间接性，表现为借助于一定的中介，进行延时互动。未来，这种间接式互动比重会降低，而直接式的互动会越来越多。

第二节　互动营销的价值思考

一、"互动"的表象与实质

互动营销概念的核心是互动，如何深入理解互动这一概念呢?互动是动物界的普遍现象，不为人类所独有。即使是人类的互动，也有表层和深层的区别。生活中许多的互动行为都是表层的互动。例如，甲方进行提问，乙方进行回答。这是一种互动行为，但是这种行为过于表面化、简单化，只有双方之间在互动时触及对方的内心，打动对方，双方之间在心灵上、情感上进行交互，才能引起双方之间高频、深刻的互动。高级的互动与表面化、简单化的互动差别在什么地方呢? 高级的互动更容易调动人的内心深处的东西，与情感有密切的关系。要调动人的情感方面的因素，企业往往需要营造一种独特的氛围，让对方受到这种环境的影响从而引起内心的共鸣。简单化的互动往往是一种条件反射式的、流程式的、机械式的反应，与情感关系不大。

人和人之间的互动表现形式丰富多样。互动具有多样化的表现形式，根据时效性，互动可以分为延时互动和即时互动两种形式。电话可以实现即时互动，但是无法同时面对更多的受众，互动范围有限。书信是延时的互动，效率比较低，范围也有限。基于网络上的互动则即时、高效，可以实现个人对个人、个人对群体、群体对群体的互动。用户互动情绪的高低受到环境的影响，这一点类似于演唱会中的观众。演唱会现场会有精心的舞台布置、特殊的音效，以及歌手对于观众的情绪调动等。而观众也会受到这些因素的影响，积极与歌手进行互动，有时候这种互动可以达到人我两忘的状态，让人看到粉丝平时难有的一种状态。即使粉丝自己有时也难以理解自己互动状态下自身的行为。这种高级的互动与我们所见到的人与人之间你问我答的表面化的互动有了质的不同。

在互动营销中也是如此。企业销售产品，用户购买产品，这是一种互动，但是这种互动同样过于简单、过于表象。高级的互动不局限于买卖双方的一买一卖之间的交易，企业对产品进行定位、设计，用户对于企业的产品顶礼膜拜，认为这种产品代表了自己的价值观、精神寄托，自己高度认同这种产品，不会简单地因为对手降价、促销就去购买竞争对手的产品，积极主动帮助产品进行传播，这是互动营销的较高境界。例如，小米手机在论坛上的表现体现了互动。对小米手机来说，论坛一直是其开展营销活动的重要阵地。小米论坛是小米用户的家园，关于小米手机的任何问题，用户都可以在此进行积极讨论，用户可以查阅其他用户的发帖，也可以根据自己的需求进行内容的创作，自己发帖，其他用户进行跟进。用户与用户在小米论坛展开了多种形式的互动，让用户更好地了解了小米手机，让用户更加忠实于小米手机。小米手机一度进行的周二下午的抢购活动，就是一种高级的互动。这种互动不同于简单的购买行为，它加入了用户的情感因素。小米导演了这样一个崭新的场景，进行精心组织，让用户在抢购过程中体验到一种前所未有的刺激，抢到了的用户会异常兴奋并及时将信息进行分享，抢不到的用户则下周继续进行抢购，小米让用户时刻惦记着抢购这一事情，并成为用户生活中的话题。

网络环境下，传播者与受众之间基本上是一种较为平等的关系，双方之间只有平等才更容易展开互动，两个个体之间平等了，互相了解对方的内心，成为好友关系，就可以进行轻松、深入互动。两个个体之间差别太大，没有共通的语义空间，没什么共同话题则难以互动，难以进行高级互动，持续性更是无从谈起。企业也是如此，江小白、三只松鼠等品牌在网络上和用户之间进行了高频、持续的互动，与双方之间的平等性具有重要关系。

传统营销是企业通过媒体向用户传播编辑好的信息，基本是强制消费者接收，企业视角明显。而新环境下，企业传播了信息，用户却是有选择地结合自己的兴趣来进行接收。二者之间已经不是我播你看简单的传输关系，而是同等地位的交互关系。地位越平等，双方之间的互动性则越强。

二、"互动"对营销的改变

上述分析了互动营销几种典型的形式，每一种形式下，"互动"都是其重要的表现特征，是对传统的广播式营销的重要补充。而"互动"对营销而言有哪些重要的改变呢，或者说，"互动"解决了营销的哪些问题呢，笔者认为主要有以下几点。

（一）企业的营销传播效果精准衡量的问题

企业历来注重营销效果，营销活动对于企业销售的影响以及营销费用的高企，使得企业开展营销传播活动越来越关注产生了什么样的影响。从短期来看，传统营销模式下，企业的营销效果往往掌控在媒体或者第三方手中，但是媒体或者第三方提供的营销效果有多大的真实性，是作为企业无法控制的问题。在互动营销模式下，尤其是在互动平台上开展的营销活动，大量的效果数据可以从平台上直接获取，这些数据掌握在企业手中，从精准性上来看远远超过传统营销模式下的营销效果。

（二）用户的即时反馈问题

传统营销模式下，企业的营销传播活动被执行后，对于消费者的影响更多地从一个较长的时间维度体现出来。例如，企业在报纸、电视等媒体上进行营销传播活动后，消费者会受到这些营销信息的影响，比如对于长期的购买行为的影响，但是大部分影响不是立竿见影的，而是需要一段时间的积累。消费者接收到信息的瞬间对自身有哪些影响，这是作为企业难以评估的，却是非常重要的。企业往往只能通过企业的口碑、长期的销售来进行大体的推断，是一种典型的延时效果。对企业来说，往往希望自己的营销能够引起用户的即时反应。而在互动营销环境下，企业的营销信息通过互动平台进行传播，用户接触到这些信息后会产生即时的反应，如点击、浏览、比较、购买等，这些行为都会在平台上留下印记。这样就可以让企业对用户有着更加及时的了解，便于随时进行营销策略的调整。

（三）用户内心深层次的问题

用户接收到营销信息后，除了认知以外，在心理、态度上有哪些深层次的变化也是企业所关注的，这反映了用户对于产品、营销的态度，因此同样具有重要价值。在传统媒体上，企业很难知晓消费者的态度问题，需要通过线下的深度访谈等形式来进行深入了解。而在互动媒体上，用户会主动分享自己的感想、态度。例如，用户可以通过微博、微信等社交媒体来主动表露自己的内心，企业掌握了这些深层次的问题，才能更深刻地去理解用户，而不是仅仅停留在表面。此外，以往的企业传播信息，消费者主要是进行被动接收。网络上的用户与传统环境下的消费者相比较，一个很大的特点是用户需要通过互动参与到企业的营销传播中去，需要通过互动分享自己的经历，从而为更多的用户所知晓。用户互动是对自己的表达，表达越多，企业对其认识就越多、越深刻。

综上可见，互动解决了营销的一系列问题，既有企业层面的，又有用户层面的。从根本上来看，通过互动，企业和用户之间可以更好地进行对话，从而进行相互理解、相互信任，甚至相互依赖。对于互动对营销而言意义重大，用户更好地表现自己，积极发出自己的声音，企业可以全面地了解用户。

三、特征决定价值

互动营销巨大的价值与其自身的基本特征密不可分。整体来看，互动营销在主体层面、内容层面、效果层面具有以下几个特征。

（一）主体层面

1. 主动性

传统营销模式下，限于客观条件的限制，消费者基本处于被动地接收企业信息的地位。而互动营销模式下，随着用户意识的提升以及各类互动媒体的普及，用户从以往的被动接收变为主动获取。在主动获取的过程中，用户的个人信息、爱好等会在互动平台上进行展示。

2. 体验性

互动营销模式下，用户自身的体验变得更加重要，用户体验可以迅速拉近用户与企业之间的情感距离。传统营销模式下，企业可以无视用户的体验，只要用户能够记住企业，在购买时将其作为一个选择就算是达到了营销的目的。而企业开展互动营销必须放弃传统营销下的思维模式，思考营销过程中用户的体验问题，因为用户面临更多选择的情况下，没有好的用户体验，企业就难以与用户进行有效接触。

（二）内容层面

1. 适配性

互动营销通过内容进行承载，这里的内容往往需要较高的适配性，即让用户看到自己需求的信息，所看即所需，引起用户的即时关注，从而对其产生心理或者行为等方面的影响。

2. 传播性

互动营销的内容不同于传统营销模式下单纯的营销信息，而是靠优质传播内容去引导用户，让用户首先对传播内容产生兴趣。由于优质内容往往自带传播基因，即使不需要太大的营销推广，用户的广泛、自发传播也会很容易放大传播的价值。

（三）效果层面

1. 即时性

传统营销的营销效果可能会经过较长的时间才能体现出来，具有延时性。而互动营销如果操作得当，往往可以产生立竿见影的效果，用户的反馈及时传达到企业，企业可以随时掌握效果的变化情况，这样自然就提高了企业运营的效率问题。这也是企业越来越重视互动营销的重要原因。

2. 直接性

互动营销可以让企业和用户之间进行直接沟通，区别于传统营销模式下企业需要购买媒体的版面、时段来和消费者进行沟通。传统营销模式下的这种沟通方式具有自身难以克服的缺点，例如成本较高，企业的营销费用很大一部分用于媒体的购买。企业只有通过媒体这一中介和消费者进行间接沟通。而互动营销很好地弥补了上述缺点，企业和用户进行直接的沟通，从而使得企业更好地去了解和把握用户。

3. 精准性

精准是当前营销界的热门话题，这和企业越来越看重营销的精准性密切相关。就互动营销来说，不论是上述的搜索营销、社交营销、电商营销，还是其他的营销方式，在精准性方面与传统营销相比都技高一筹。对于营销预算有较大压力的企业来说，这种优势对于企业有重要的价值，企业可以及时掌握营销活动的效果。

从主体层面、内容层面、效果层面来看，互动营销的上述特征使其成为企业青睐的营销方式。

四、互动不畅的表现及成因

企业纷纷意识到了互动营销的价值，对这种营销方式进行了积极的探索。搜索营销、社交营销、电商营销，都是互动营销的具体形式。无论什么样的营销形式，都一定是围绕着营销的核心"交换"进行展开。企业和用户之间的交换可以是一次性，也可以是长期性。而要形成长期、稳定的关系必须建立在交换双方之间持续的关系的基础上。双方之间的关系如果要持续，则必须要进行互动。有了互动这一基础，才有买卖双方之间可持续的关系，才能更顺畅地达成交换，实现营销的目的。

互动很重要，作为营销者已经基本达成共识。对用户来说，也只有通过互动，才可以让自己更好地认识品牌、理解品牌。企业有好的产品、服务，用户有对好的产品和服务的需求，理论上来讲二者之间应该可以实现顺畅的交换。然而，事实不是这样的。好的产品、服务依旧可能没有市场，用户的需求依旧无法得到满足，企业和用户之间无法进行有效匹配，根本原因在于二者之间在互动过程中出现了以下问题。

（一）信息传输不畅

一方面，企业不清楚用户在思考什么，用户的需求变化了，企业没有及时进行跟进。另一方面，企业通过各种手段开展营销活动，投入了很大的营销预算，但是并没有好的传播效果，也就是说用户并没有很好地接收到这种传播的信息。不论是企业传播信息，用户接收不到，还是消费者发生变化，企业如果没有意识到，都是信息传播中传输不畅达的具体表现，自然会影响不同主体之间的互动。

（二）信息回应不畅

企业的信息传达到了用户，用户往往会受到信息的影响从而发生一系列的变化。这种变化如果能够及时传达到企业，自然会有很大的营销价值。而实际上，用户受到的影响大部分不会及时传达给企业。随着互联网技术的发展，这一点发生了很大的变化，用户可以通过网络、手机媒体及时进行信息的反馈。用户的反馈传达到企业方实际上是对营销效果的反馈，具有很大的营销价值。企业理应及时回应用户的这种变化，而实际上多数企业也没有很好地回应用户。因此，企业的信息传达到用户，用户的反应回传到企业，都没有得到很好的回应。本来可以发生的互动行为就此中断，即将由互动产生的营销价值自然丧失。

（三）对信息的曲解或者误读

传播学上有关于"噪声"的概念指的是传播过程中存在的干扰。从企业到用户，从用户到企业，信息在传播过程中，难免受到一系列外部环境的干扰，使得用户曲解或者误读了企业传播的信息。例如，用户会有意或者无意误读企业传达的营销信息。上文提到了通用汽车和雪佛兰汽车为了用户更好地了解品牌，推出了用户参与的创意大赛，本来是为了提升用户的理解，鼓励其进行广告创意。结果，创意内容与企业所想背道而驰，大量的负面的信息被用户创造出来。通用汽车和雪佛兰汽车由于用户的曲解或误读没有取得理想的互动效果。

企业、用户以及二者之间的沟通出现的问题影响了企业和用户之间互动的效果，要实现二者之间长期、高频的互动，必须从上述几个问题入手，让信息的传输和回应更畅达，加强营销过程的管理，提前预计可能出现的风险并做好风险的防控工作。

第三节　互动营销的未来研判

一、核心影响因素：技术与用户需求

基于上述的分析，我们可以推断未来的互动营销会受到以下两个关键因素的影响：技术变化和用户需求。

1. 技术变化

技术历来是影响营销变化的重要因素，搜索营销、社交营销、电商营销等每一种模式都与具体的网络技术的发展密不可分，未来也是如此。例如随着人工智能技术、AR、VR等多种技术的推进，未来的互动营销必将给企业带来更多自由的选择，让企业以更加多元的方式去开展营销，而这些技术也会给用户带来更多前所未有的体验。技术的变化瞬息万变，我们无法预计未来哪些新的具体技术又会出现并影响互动营销的发展，但日新月异的新技术必将成为推动互动营销发展的重要力量。

2. 用户需求

用户需求始终是推动营销发展的重要动力。从传统营销时代，用户被动接收企业的信息，到互动营销时期，用户积极主动地进行信息的搜索、传播、分享，再到智能营销时代，用户被更好地感知，从而对其采取更有针对性的营销方式。用户经历了从被动到主动到被更好理解这样不同的阶段。从被动到主动，这一跨越体现了用户的自我意识的提升和需求的主动表露。而从用户主动到被更好地理解更是一个升级，因为基于对用户的理解，已经不需要在用户主动搜索的前提下，系统已经很好地把握了用户需求，从而对其进行符合其个性化的营销活动。

二、互动营销的未来趋势

基于上述的分析，笔者认为未来的互动营销会呈现以下几个趋势。

（一）新的互动平台的出现

在既有的互动平台的基础上，未来会有更多的互动平台出现，成为企业开展互动营销的新战场，这些互动平台会越来越智能化。黄升民教授认为，智能终端会拥有更强大的机器大脑。大数据、云计算、人工智能技术推动终端智能的核心在于终端设备与云端服务的衔接，同时基于大数据沉淀，使其能够最大范围地调集社会资源，对任何用户的需求进行快速且准确的响应，直击需求，高效解决问题。❶ 基于智能互动平台的基础上对用户需求的深刻洞察，可以使得用户的全方位需求被迅速满足。

（二）用户体验的重要性进一步提升

互动营销越来越重视用户体验，用户体验将成为衡量互动营销效果的核心指标。在互动过程中，如果体验不好，用户会终止互动行为。没有好的体验，就没有后续的互动，也就不可持续。不可持续，自然增加了沟通的成本。双方之间形成一种频繁、信任、有序的互动关系将对营销双方均有益处。对于用户来说，可以花更少的时间进行选择，形成一种品牌的依赖，而对于企业来说，则培养了大批的忠实粉丝，对品牌有很强的忠诚度。这样二者在以后的沟通成本也就降低了。

在以往传统营销模式下，衡量营销效果往往从发行量、收听率、收视率等指标出发。互动营销模式下，用户体验的重要性迅速上升，成为企业衡量营销效果的重要指标。企业在开展互动营销时甚至将用户体验作为思考的原点，在提供好的用户体验的基础上再去追求其他一些相关指标。

（三）人机互动将成为重要的互动方式

今天，网络不仅仅是一种传播渠道，还是用户生活的场所。越来越多的用

---

❶ 黄升民. 升民视点·终端如人. 媒介［J］. 2018.

户在生活中离不开网络，而用户在网络平台上的时间越长，用户的信息、行为就会被记录得越清楚、越全面，网络对人的理解自然越深刻。企业与用户之间的互动可以更多地借助人机互动的形式展开。人机互动的顺利开展需要机器的深度学习，机器需要在多次深度学习之后，才有可能非常随意地与人互动。与人相比，机器的学习能力具有无限性和快速性，而人的时间和精力都受到限制。机器经过深度学习，掌握大量数据后，其与人的互动会有质的飞跃。

（四）互动营销与其他营销方式的结合

互动营销具有传统营销难以企及的优势，因此受到了企业的青睐。但是，我们必须认识到，互动营销的开展不应该脱离传统营销而存在。例如，互动营销的精准性很好地弥补了传统营销模式的缺陷，成为企业热衷互动营销的重要原因。但是精准性需要和规模性进行结合，较小范围内的精准性没有太大的商业价值，精准与规模的恰当结合则会产生重要的商业价值，而规模性则是传统营销的优势。因此在看到互动营销自身优势的同时，我们也要看到其局限性，企业在开展互动营销活动时，不可放弃其他的营销方式，将互动营销与传统的营销方式相结合才能更好地发挥其作用。

结　语

互动、营销都不是新话题，互动营销是伴随着网络媒体的发展而兴起的营销理念和营销实践。随着网络媒体的发展，网络的互动性对于营销做出了巨大的改变。今天的营销已经不仅仅是过去企业进行传播，消费者进行信息接收从而受其影响，进而认可企业并进行产品购买这样一个线性的逻辑。

互动对于营销有着重要的意义。企业可以通过多种方式，利用不同的营销产品，吸引用户参与到企业的营销中去，不仅与企业展开互动，还可以与众多的其他用户进行互动，进而提升营销的价值。这在效率、规模上相比传统营销而言有着巨大的优势。此外，用户参与进去有助于品牌与用户在精神层面的高级互动，这也是通过传统营销扩大声量、增加销售所难以达到的高度。对于平台来说，用户在平台上与企业、用户之间的互动增强了用户对平台的依赖和平台自身的黏性。互动对于企业、用户、平台有着多方面的改变。不同的互动营销模式呈现不同的互动特点，例如搜索营销是人与搜索引擎的互动，社交营销是人与人的互动，而电商营销主要是人和商品的互动。在看到互动营销的诸多优势的同时，还分析了互动营销可能带来的种种问题。因此，企业在开展互动营销时，必须全面评估背后可能出现的风险，并做好应对方案的设计工作，这样才可以保证企业开展的互动营销朝着企业预想的方向运行。整体来看，尽管存在一定的风险性，我们不能因为背后的风险性而否定互动营销的重要价值。大量的案例向我们展示了互动营销的重要价值，互动营销已经成为当下企业开展营销活动经常使用的营销方式。

此外，互动营销还应该与传统的营销方式进行适当结合，没有一定知名度、影响力的品牌，开展互动营销在调动用户的积极性、影响力方面往往会稍逊一筹。我们看到开展互动营销取得良好效果的品牌也多为已经通过传统营销建立一定影响力的品牌。互动营销的开展使得他们与用户进一步进行深入沟通，双方之间从表面的连接进入实质性的互动。

尽管本文对互动营销进行了多个维度的梳理，但是本研究仍存在以下几点不足。互动营销是一个持续发展的动态过程，本文提出的某些观点主要是基于目前的营销现状，这些观点可能会随着时间变化而发生调整。另外，企业如何利用互动营销、互动营销的营销效果如何进行评估等一系列问题也需要进行后续的研究。在未来的学习和研究中，将持续关注互动营销领域的最新进展和相关成果，对本研究的成果进行丰富和发展。

参考文献

［1］雷蒙德·P. 菲斯克，史蒂芬. J. 格罗夫，乔比·约翰. 互动服务营销［M］. 张金成，译. 北京：机械工业出版社，2001.

［2］里克·列文，克里斯托弗·洛克，戴维·瑟尔思，等. 市场就是谈话［M］. 北京：中信出版社，2002.

［3］戴维·迈尔斯. 社会心理学［M］. 张智勇，乐国安，侯玉波，译. 北京：人民邮电出版社，2006.

［4］罗伯特·斯考伯，谢尔·伊斯霍尔. 即将到来的场景时代［M］. 赵乾坤，周宝翟，译. 北京：北京联合出版公司，2014.

［5］克莱·舍基. 未来是湿的［M］. 胡泳，沈满琳，译. 北京：中国人民大学出版社，2009.

［6］菲利普·科特勒. 营销革命3.0［M］. 毕崇毅，译. 北京：机械工业出版社，2016.

［7］菲利普·科特勒，凯文·莱恩·凯勒. 营销管理［M］. 王永贵，译. 北京：中国人民大学出版社，2012.

［8］安东尼·吉登斯. 社会学［M］. 4版，赵旭东，等译. 北京：北京大学出版社，2003.

［9］柳永镐. 亚马逊经济学［M］. 李大雷，译. 北京：电子工业出版社，2014.

［10］威尔伯·施拉姆，威廉·波特. 传播学概论［M］. 何道宽，译. 北京：中国人民大学出版社，2010.

［11］路易斯. E. 布恩，大卫·L. 库尔茨. 当代市场营销学［M］. 赵银德，等译. 北京：机械工业出版社，2002.

［12］凯文·凯利. 必然［M］. 北京：电子工业出版社，2016.

［13］诺曼·K. 邓金. 解释互动论［M］. 周勇，译. 重庆：重庆大学出版社，2009.

［14］理查德·勃兰特. 一键下单：杰夫·贝佐斯与亚马逊的崛起［M］. 马志彦，译. 北京：中信出版社，2013.

［15］布拉德·斯通. 一网打尽：贝佐斯与亚马逊时代［M］. 李晶，李静译. 北京：中信
　　　出版社，2014.

［16］汤姆·斯丹迪奇. 从莎草纸到互联网［M］. 林华译. 北京：中信出版集团，2015.

［17］黄升民. 新广告观［M］. 北京：中国物价出版社，2003.

［18］丁俊杰，陈刚. 广告的超越：中国4A十年蓝皮书［M］. 北京：中信出版集团，2016.

［19］陈刚，王雅娟. 超越营销：微博的数字商业逻辑［M］. 北京：中信出版集团，2017.

［20］陈力丹. 精神交往论［M］. 北京：中国人民大学出版社，2016.

［21］初广志. 整合营销传播概论［M］. 北京：高等教育出版社，2014.

［22］谷虹. 信息平台论：三网融合背景下信息平台的构建、运营、竞争与规制研究［M］.
　　　北京：清华大学出版社，2012.

［23］文春英. 外国广告发展史［M］. 北京：中国传媒大学出版社，2006.

［24］王薇. 互动营销案例100（2014–2015）［M］. 北京：清华大学出版社，2015.

［25］易观“互联网+”研究院. 新电商时代［M］. 北京：北京联合出版公，2017.

［26］武帅. 参与感营销［M］. 北京：北京理工大学出版社，2015.

［27］高文喆. 谁是互联网下一任帮主［M］. 北京：中国华侨出版社，2013.

［28］王成文，莫凡. 网络广告案例评析［M］. 武汉：武汉大学出版社，2011.

［29］江礼坤. 实战移动互联网营销：互联网+营销的7个关键要素［M］. 北京：机械工业
　　　出版社，2016.

［30］赵莉，钱维多，崔敬. 互动传播的思维［M］. 北京：中国轻工业出版社，2007.

［31］诺曼·K. 邓金. 解释互动论［M］. 周勇，译. 重庆：重庆大学出版社，2009.

［32］朱百宁. 自传播：为产品注入自发传播的基因［M］. 北京：电子工业出版社，2017.

［33］梁峰. 交互广告学［M］. 北京：清华大学出版社，2007.

［34］黎万强. 参与感［M］. 北京：中信出版社，2014.

［35］陈特军. 重新定义营销：移动互联网时代，营销大变局［M］. 杭州：浙江工商大学
　　　出版社，2017.

［36］秦阳，陈慧敏. 社群营销：方法、技巧与实践［M］. 北京：机械工业出版社，2017.

［37］阳翼. 数字营销传播：思维、方法与趋势［M］. 广州：暨南大学出版社，2015.

［38］陈春花. 回归营销基本层面［M］. 北京：机械工业出版社，2016.

［39］袁岳，张军. 交互：实现产品互联网化的逻辑基础［M］. 北京：机械工业出版社，
　　　2015.

［40］胡泳. 众声喧哗：网络时代的个人表达与公共讨论［M］. 南宁：广西师范大学出版

社，2008.

［41］舒尔茨. 重塑消费者：品牌关系［M］. 北京：机械工业出版社，2015.

［42］吴宇鑫. 20几岁凭什么改变世界［M］. 北京：中国华侨出版社，2013.

［43］莫梅锋. 互动广告发展研究［M］. 北京：新华出版社，2012.

［44］舒咏平，陈少华，鲍立泉. 新媒体与广告互动传播［M］. 武汉：华中科技大学出版
社，2006.

［45］曹慎慎. 互动与融合：全球化视野下的中国电视与网络媒体［M］. 北京：中国社会
科学出版社，2015.

［46］杜骏飞. 中国网络广告考察报告［M］. 北京：社会科学文献出版社，2007.

［47］董璐. 传播学核心理论与概念［M］. 北京：北京大学出版社，2016.

［48］袁岳，张军. 交互：实现产品互联网化的逻辑基础［M］. 北京：机械工业出版社，
2015.

［49］武帅. 参与感营销：互联网营销手册实践版［M］. 北京：北京理工大学出版社，
2015.

［50］郭庆光. 传播学教程［M］. 北京：中国人民大学出版社，1999.

［51］闵大洪. 中国网络媒体20年：1994–2014［M］. 北京：电子工业出版社，2016.

［52］李开复，王咏刚. 人工智能［M］. 北京：文化发展出版社，2017.

［53］黄若. 我看电商2［M］. 北京：电子工业出版社，2016.

［54］瓦拉利·A. 蔡特哈姆尔. 服务市场营销［M］. 北京：机械工业出版社，1998.

［55］王薇，龙思薇. 互动营销案例100（2010–2011）［M］. 北京：中国市场出版社，
2012.

［56］龙思薇，王薇. 互动营销案例100［M］. 北京：清华大学出版社，2014.

［57］李卫东. 网络与新媒体应用模式：创新设计与运营战略视角［M］. 北京：高等教育
出版社，2015.

［58］喻国明，欧亚，张佰明，等. 微博：一种新传播形态的考察 影响力模型和社会性应
用［M］. 北京：人民日报出版社，2011.

［59］唐兴通. 社会化媒体营销大趋势：策略与方法［M］. 北京：清华大学出版社，2011.

［60］武帅. 参与感营销：互联网营销手册实践版［M］. 北京：北京理工大学出版社，
2015.

［61］胡卫夕，宋逸. 微博营销：把企业搬到微博上［M］. 北京：机械工业出版社，2014.

附 录

附录1 搜索营销案例分析

序号	年份	品牌名称	所属行业	营销诉求 传递品牌信息/传播品牌形象/产品销售/用户互动/其他	互动元素 关键词/网页/图片/动画/其他	互动特征	互动效果	
							传播效果	销售效果
1	2005	哎呀呀	美妆	传递品牌信息、产品销售	关键词	全方位、了解政策		加盟成绩显著
2	2007	美联航空	航空服务	传递品牌信息、在消费者形成购买机票决策前就与之充分互动	关键词	决策前充分互动		销售业绩增长超过两倍
3	2008	兰蔻	美妆	传递品牌信息、用户互动	关键词、品牌专区、关联广告	直接、简单、形式多样、线上线下相结合	高质量的流量	销售也相应提高了30%
4	2009	统一	食品饮料	危机公关、有效抑制负面信息的传播	关键词、网页、官方声明	及时、精准		
5	2009	上上城	房地产	传递品牌信息、产品销售、与目标用户的互动	关键词、网页、图片、精准广告、关联广告	简单、直接、精准、关联、拦截对手	曝光量、访问量	实现清盘

续表

序号	年份	品牌名称	所属行业	营销诉求 传递品牌信息/传播品牌形象/产品销售/利用户互动/其他	互动元素 关键词/网页/图片/动画/其他	互动特征	互动效果 传播效果	互动效果 销售效果
6	2010	立邦漆	建材	改善品牌在网络上的口碑、传播品牌形象	关键词、图片、官网、地图	将线上与线下结合起来	网站流量增加	消费者到店量增加、销售提升
7	2010	平安车险	金融	传递品牌信息、产品销售	关键词、网页、车险计算器	迅速、精准吸引用户	精准锁定消费者、网络直销平台流量提升、用户进行注册	减少了推广环节和营销费用、销售提升
8	2010	奔驰	汽车	利用户互动	关键词以及品牌专区、关联广告、精准推广告等各类广告形式	直接、关联、精准	奔驰S级有效点击总数	
9	2010	九九八航空票务代理有限公司	商务服务	传播品牌信息	关键词	直接、简单	网站提高了将近3倍以上的流量	网上出票量与同期相比提升了30%
10	2011	雀巢奶粉	食品饮料	传递品牌信息	关键词、网页、热点问题	与社交媒体结合、精准沟通用户	雀巢网站的访问量激增	
11	2011	BMW1	汽车	传递信息	关键词、品牌专区、捷径形式报名	直接、简单	推广期间，关键词"宝马1系"的检索量大幅上升	

续表

序号	年份	品牌名称	所属行业	营销诉求 传递品牌信息/传播品牌形象/产品销售/用户互动/其他	互动元素 关键词/网页/网页/图片/动画/其他	互动特征	互动效果 传播效果	互动效果 销售效果
12	2011	唯品会	电商平台	传递品牌信息、产品销售	关键词	简单、直接		销售额环比增长近180%，ROI同期环比增长近30%
13	2011	国航	航空服务	传播品牌形象、产品销售	关键词、网页、网盟、品牌专区等	关联、精准、直接拓客	消费者点击量提升	拓展了新业务
14	2012	可口可乐	食品饮料	传播品牌形象、用户互动	关键词、品牌专区、关联广告、话题	围绕悬念进行互动	广告展现量超过千万次	
15	2012	广之旅	旅游	传递品牌信息、传播品牌形象	精准广告（搜索广告、关联广告）、事件	关联、精准、利用好事件	搜索量迅速提升，搜索营销流量占比从5%上升至37%	订单数占比从8%上升至35%
16	2014	海底捞	餐饮	传递品牌信息、产品销售、用户互动	关键词、百度直达号、百度地图、智能推荐	简单、直接、便利		订单量大大提升
17	2014	《变形金刚4》	影视	传递品牌信息、传播品牌形象、用户互动	关键词、网页、图片、多媒体特效	突出技术力量		

续表

序号	年份	品牌名称	所属行业	营销诉求 传递品牌信息/传播品牌形象/产品销售/用户互动/其他	互动元素 关键词/网页/网页图片/动画/其他	互动特征	互动效果 传播效果	互动效果 销售效果
18	2014	亚马逊	电商平台	传递品牌信息、用户互动	关键词、浮动品牌专区、品牌专区和右侧品专等	强调多角度、新形式	流量得到了极大提升，全方位渗透了用户的多个使用场景	
19	2014	安满奶粉	食品饮料	传递品牌信息、产品销售	关键词、百度网盟等	精准区域投放		提升了转化，拉动了销售
20	2014	宝马MINI	汽车	传递品牌信息	电影、浮层广告	从观看到购买一站式	总曝光度、总点击量	
21	2014	美汁源	食品饮料	传递品牌信息、重塑品牌形象	关键词、网盟专区、虚拟现实、二维码、动画	直接、简单	曝光量	
22	2015	雅诗兰黛	美妆	传递品牌信息、传播品牌形象	关键词、百度告音搜索、百度输入法	直接、简单、形式多样	成为热点话题	
23	2016	滴滴	互联网服务	用户互动	关键词、品牌创造新词、图片、动画、H5、抽奖	有趣：创造新词，整合：PC端与移动端结合	数百家媒体包括网易、搜狐、今日头条、一点资讯等都帮进行了跟进报道	

续表

序号	年份	品牌名称	所属行业	营销诉求 传递品牌信息/传播品牌形象/产品销售/用户互动/其他	互动元素 关键词/网页/图片/动画/其他	互动特征	互动效果 传播效果	互动效果 销售效果
24	2017	海马福美来F7	汽车	传递品牌信息、用户互动	关键词	线上线下结合	微博话题阅读量、讨论量	
25	2017	京东	电商平台	传递品牌信息、传播品牌形象、产品销售、用户互动	关键词、话题、H5、明星	简单、直接、便利	品牌及产品曝光、精准流量	
26	2017	邮银行	金融	传递品牌信息、传播品牌形象	关键词、品牌专区	直接、便利	点击率	
27	2017	摩天轮票务	商务服务	传递品牌信息、传播品牌形象	关键词、品牌专区、图片、APP	直接、便利	点击率	
28	2017	黑河旅游	旅游	传递品牌信息、产品销售	信息流、风景故事、旅游攻略、卡通漫画	精准	广告展、点击率	
29	2017	晨阳水漆	建材	传递品牌信息、传播品牌形象、招商加盟	手百开屏	短时间内大范围曝光，使得用户可以迅速做出反应	展现次数、点击次数、点击率	
30	2017	唐小僧	金融	传递品牌信息、用户互动	关键词、品牌专区、信息流	直接、精准	总曝光、直接导流、平均点击率	

续表

序号	年份	品牌名称	所属行业	营销诉求 传递品牌信息/传播品牌形象/产品销售/用户互动/其他	互动元素 关键词/网页/网页/图片/动画/其他	互动特征	互动效果	
							传播效果	销售效果
31	2017	联想小新Air笔记本	电子产品	传递品牌信息、产品销售	信息流、图片、明星	精准、从观看到购买一站式	页面到达率、转化、点击率	
32	2018	国家大剧院	演艺	传递品牌信息、传播品牌形象、产品销售	关键词、品牌专区	直接：多链接样式、户电话样式	点击率	
33	2018	vivo	电子产品	传递品牌信息、产品销售	关键词、信息流、直播、代言人	精准	曝光PV过千万	
34	2018	美兰湖月子会所	母婴	传递品牌信息和形象、产品销售、促成交易	关键词、直通车广告	整合：PC端与移动端结合、直接、便利		促成的交易额为投入成本的18倍、提升收益的同时增强了美兰湖品牌认知度
35	2018	广之旅	旅游服务	传递品牌信息、促成销售	关键词	精准	点击率、迅速提升	

附录2　社交营销案例分析

序号	年份	品牌名称	所属行业	营销诉求	互动元素	互动方式	互动特征	互动效果	
								传播效果	销售效果
1	2009	《新周刊》	报刊杂志	传播品牌信息、与用户互动、用户间互动传播	网民、微博、杂志主要创作人员、名人	关注、点赞、评论、留言、转发	精准、低成本	积累了1534万的粉丝数	
2	2009	凡客诚品	鞋服	与用户互动	微博、活动、事件	留言与回复	精准、即时、低成本、全员与用户互动，互动内容活泼，重沟通与反馈，根据客户的意见直接改进服务	粉丝数迅速上升，截至2011年7月14日"VANCL粉丝团"的粉丝达到30万	
3	2010	七喜	食品饮料	传播品牌信息、与用户互动、提升品牌形象、推动销售	微博、话题、营销活动、奖品、意见领袖	评论、转发	人群广泛、频繁互动	转发量、评论量迅速上升	
4	2010	中国香港海港城	线下零售	传播品牌信息、传播品牌形象、与用户互动	微博、图片、话题（限量）	关注、评论、转发、抽奖	传播速度快		

续表

序号	年份	品牌名称	所属行业	营销诉求	互动元素	互动方式	互动特征	互动效果	
								传播效果	销售效果
5	2010	螺蛳粉先生	餐饮	传播品牌信息、用户互动、推动销售	微博、图片、名人、粉丝留言墙	关注、评论、转发、订餐	一对一沟通、带动销售	大量的粉丝在微博上与商家进行互动	
6	2010	戴尔中国	电子产品	传播品牌信息	微博、粉丝、员工	@用户，主动评论	直接、针对性强、全方位、及时、灵活	提升了公司形象，促进了品牌的传播，公司微博的关注度迅速提升，粉丝数量达到10万以上	
7	2010	朵唯手机	电子产品	传播品牌信息	微博、手机、APP、游戏	用户分享	精准、线上与线下结合	企业粉丝数、互动点击、注册数	终端销售巨大提升
8	2010	宏碁	电子产品	传播品牌信息、提升品牌形象	搜狐微博、SNS	关注、转发	用户间病毒式传播，利用意见领袖的作用	阅读量、转载量、关键字搜索结果	
9	2010	招商银行	金融	与用户互动：与消费者建立更好的关系、提升品牌形象	微博、线下	粉丝关注、评论、转发、参与讨论、抽奖、参与	内容多样化、全方位与客户沟通、线上线下相结合	关注、转发、评论	

续表

序号	年份	品牌名称	所属行业	营销诉求	互动元素 意见领袖/网民/粉丝/企业/微博/微信公众号/游戏/其他	互动方式 @关注/点赞/评论/留言/微博转发分享/扫码购买/其他	互动特征	互动效果	
								传播效果	销售效果
10	2010	伊利	食品饮料	传播品牌信息/用户互动提升品牌形象/提升品牌"产品带来的活力"的理念	微博、明星	关注、评论、留言	体育营销为依托，球迷可在微博上与明星随时开展互动	粉丝人数达到12万，共发布微博3857条	
11	2011	杜蕾斯	成人用品	与用户互动	微博、话题、名人、奖品、事件	关注、评论、转发、竞猜	人群广泛，频繁互动	年度微博营销的热点事件	
12	2011	阿条娜商贸	线下零售	传播品牌信息，与用户互动，推动销售	腾讯微博、互动、游戏	抽奖、邀请好友、进行分享	用户参与度高，短时间内形成裂变效应，积极参与到企业的活动中	全站注册人数、参与游戏次数、游戏次数、抽奖人数、好友人数、分享至微博数量	
13	2011	Columbia	鞋服	与用户互动	微博、明星、故事、奖励	奖品、参与、分享	部分资深户外粉丝被吸引进来，可以开展直接、精准的互动	最终吸引微博粉丝数达12,000以上	
14	2011	世纪佳缘	互联网服务	与用户互动	在线游戏、名人参与	用户注册、转发微博	短时间内，用户积极参与到游戏中，并进行信息的分享	活动期间共有323,246名网友注册的世纪佳缘	

续表

序号	年份	品牌名称	所属行业	营销诉求	互动元素	互动方式	互动特征	互动效果	
				传播品牌信息/用户互动提升品牌形象/推动销售	意见领袖/网民/粉丝/企业/品牌/微博/微信公众号/游戏/其他	@关注/点赞/评论留言/转发分享/扫码购买/其他		传播效果	销售效果
15	2012	宝洁	日化	提升品牌形象	微博、话题、事件、名人、奖品	评论、转发	用户在体验的同时，可以到电商网站购买	新浪微博平台粉丝数达30多万人，平均一条微博有上千条评论、转发，腾讯微博平台粉丝量达20多万人	
16	2012	英特尔	电子产品	与用户互动、提升品牌形象	微博、主题曲、纪录片	评论、转发	人群广泛、意见领袖、频繁互动	活动产生了1000万的评论和转发	
17	2013	美加净	日化	提升品牌形象、与用户互动	微博、意见领袖、话题	话题的讨论、产品的购买	商家、意见领袖、网民全方位进行讨论，使得话题在更大范围内引起关注；话题传播与旗舰店的销售同步	传播内容阅读总量、转发、评论、天猫旗舰店最高日均浏览量、访客数	
18	2013	Nike	鞋服	与用户互动	产品、训练建议	转发分享	通过服务使得品牌与用户互动，通过社交使得用户之间互动	线上社区的注册人数、应用下载量	

续表

序号	年份	品牌名称	所属行业	营销诉求 传播品牌信息/用户互动/提升品牌形象/推动销售	互动元素 意见领袖/网民/粉丝/企业/微博/微信公众号/微信/游戏/其他	互动方式 @关注/点赞/评论/留言/转发分享/扫码购买/其他	互动特征	互动效果	
								传播效果	销售效果
19	2013	联想	电子产品	传播品牌信息	微博、微信、H5、游戏	话题讨论、内容创作	线上为主，线上线下相结合	话题量、互动量	打破联想平板产品销售记录，一月销量破百万大关
20	2014	1号店	电商平台	传播品牌信息	微信、意见领袖、网民UGC	点击、分享	意见领袖引导，消费者了解后积极转发		销量剧增
21	2014	绿箭	食品饮料	与用户互动：更好地与消费者之间实现沟通	微信、条形码、表情包	扫码、分享	简单易操作	活动上线的第一个月，有接近200万人参与，产生了接近4亿的媒体曝光	
22	2014	工商银行	金融	与用户互动	游戏、奖励	扫码	简单，用户频繁打开游戏，用户体验好	活动参与人次、单日参与人次、单小时参与人次、日参与人数	

续表

序号	年份	品牌名称	所属行业	营销诉求 传播品牌信息/用户互动/提升品牌形象、推动销售	互动元素 意见领袖/网民/粉丝/企业/微博/微信公众信公众号游戏其他	互动方式 @关注/点赞/评论留言转发分享/扫码购买其他	互动特征	互动效果	
								传播效果	销售效果
23	2014	可口可乐	食品饮料	提升品牌形象：吸引关注、塑造形象、推动销售	微信、二维码	抢购	线上线下结合	公众账号粉丝、百度搜索指数	售卖量
24	2014	海航	航空运输	传播品牌信息、提升用户互动品牌形象	微博、微信公众号、移动端虚拟体验、图文	分享、关注	有节奏、多层次	曝光量	
25	2014	蒙牛乳业	食品饮料	传播品牌信息	微信	参与、口号征集及票选活动 关注、分享到购买	用户积极参与	总曝光量、新浪微博热门话题小时排行榜	
26	2014	福特嘉年华	汽车	传播品牌信息、推动销售	微信、游戏、二维码	扫码	用户在游戏体验中了解产品的性能；利用富媒体表现形式，定向技术精准曝光	双屏互动数、到微信朋友圈、富媒体广告曝光数、点击数	
27	2014	大众汽车甲壳虫	汽车	与用户互动	微信、发布"乐观体生成器"、微博、意见领袖、明星	参与创作、转发分享	清晰明了的活动机制、简单流畅的互动体验、配合个性化奖励刺激	页面访问量、阅读量、转发、评论	

续表

序号	年份	品牌名称	所属行业	营销诉求	互动元素 意见领袖/网民/粉丝/企业/微博/微信公众号/游戏/其他	互动方式 @/关注/点赞/评论/留言/转发/分享/扫码购买/其他	互动特征	互动效果 传播效果	互动效果 销售效果
				传播品牌信息/与用户互动/提升品牌形象/推动销售				总曝光量、参与微信轻应用游戏的用户、分享朋友圈人数、提交个人信息的人数	
28	2014	平安银行	金融	提升品牌形象、与用户互动	微博、微信、游戏、意见领袖	点击、分享	精准、用户参与感和分享		
29	2014	微信	互联网服务	创造社会价值的同时、提升微信的品牌价值	微信、名人、网页	用户参与	用技术手段加强用户的参与感，线上与线下结合；将已有的功能拓展新的使用方式	公众号阅读量、公众号粉丝	
30	2014	泰康人寿	金融	传播品牌信息、推动销售	微信公众号	关注、转发、点击、购买	以线上为主、便利，直接达成销售		获客成本、总成功获客量、总保险成销售量
31	2014	奔驰smart	汽车	推动销售、传播品牌信息	微信、游戏	关注、注册、抢购、分享	线上线下联动、支付便捷		销售量、平均每个线索成本

续表

序号	年份	品牌名称	所属行业	营销诉求	互动元素	互动方式	互动特征	互动效果 传播效果	互动效果 销售效果
32	2014	阿里	电商平台	传播品牌信息、与用户互动	二维码、红包、话题	扫码、分享	参与度高、形成二次传播	微博话题讨论的用户	
33	2014	魅族	电子产品	推动销售	微博、争议性话题	开放预约、手机购买	精准、人群广泛	活动为魅族官微带来大量新增粉丝，为二次营销沉淀精准潜在客户	销售额
34	2014	天猫商城	电商平台	传播品牌信息	微博、奖励机制、发布红包、T码	转发、发布红包+T码	人群广泛	阅读量、讨论	
35	2014	卡地亚	饰品	传播品牌信息、与用户互动	微博、微信、豆瓣、在线建立的全景虚拟展厅	线上互动、建立全景虚拟展厅	便捷随时随地、突破时空限制、浸入式的用户体验	微博点击次数、微博粉丝增长、微信点击数、微信粉丝增长数	
36	2014	华为手机荣耀6	电子产品	传播品牌信息、推动销售	微博、事件及话题、意见领袖、奖品、抢购	邀请好友、抢购、预约产品、微博上进行话题讨论	从信息的关注到产品的购买、用户之间展开了大量的传播活动	阅读量、讨论量	预约达460万、销量第一

续表

序号	年份	品牌名称	所属行业	营销诉求	互动元素	互动方式	互动特征	互动效果	
					意见领袖/网民/粉丝/企业/微博/微信公众号游戏/其他	@关注/点赞/评论/留言/转发分享归码购买/其他		传播效果	销售效果
37	2014	《后会无期》	影视	传播品牌信息/与用户互动/提升品牌形象推动销售	名人微博、官方微博	回复与评论微博	用户主要是通过名人发布的微博进行积极互动，从对微博的持续跟进到最终产生消费行为	转发数、评论、点赞、总曝光量	票房6.23亿元
38	2014	联想S90笋尖手机	电子产品	传播品牌信息	游戏、话题、名人、视频广告和系列病毒广告	转发、点赞、评论和创造	线上与线下联动	形成较为广泛的用户自传播和话题效应，联想笋尖手机S90的拍照功能深入人心	
39	2014	苏宁	电商平台	传播品牌信息、推动销售	微博、话题、活动、名人、报纸、送礼物（鸡蛋）、漫画	员工之间的口碑传播	一对一沟通、整合多种媒体的力量	品牌形象迅速提升	消费者参与热情空前、销量激增
40	2015	Vivo	电子产品	传播品牌信息、与用户互动	微信朋友圈信息流、图文、H5、	话题评论	对用户不带来任何打扰，但通过信息传播制造矛盾、内容匹配技术	总曝光量、点赞、评论	

附录3 电商营销案例分析

序号	年份	品牌名称	所属行业	营销诉求 传播信息/提升影响/吸引流量/提升形象/提升销量	互动元素 促销活动/广告展位/游戏故事/话题其他	互动方式 浏览/咨询/收藏/购买/评论/分享/打通社交与电商/其他	互动特征	互动效果	
								传播效果	销售效果
1	2010	奔驰smart	汽车	传播信息	促销活动	咨询、购买	方便、购物体验独特	页面浏览量	销售额增长迅猛
2	2013	褚橙	食品饮料	传播信息、提升形象、提升销量	名人	浏览、转发、评论	立体化互动	各类媒体立体传播、全方位影响用户	
3	2014	别克君威	汽车	提升知名度、扩大影响力、带动销售	故事、网友收藏夹	浏览、UGC、试驾、购买	线上线下结合	独立访问量200万人次	10月销量比9月增长了6000辆
4	2014	奔驰smart BoConcept特别版	汽车	提升销量	促销活动、朋友圈	浏览、点赞、购买、分享	线上线下结合		3分钟内，388辆汽车售罄，平均每秒卖2辆
5	2014	飞利浦	家电	传播信息、促成引流	话题、广告展位:直通车、钻石展位、淘宝客等	社交和电商打通，鼓励用户进行评论或者链接转发	站内站外互动相结合	百度平均搜索指数、客流量	平均日销量为3475台，相较于平时增长17%
6	2014	西门子	家电	传播信息、提升形象	话题、漫画、促销活动	进行话题讨论，打通社交、电商渠道	用户积极参与讨论	成功制造话题、品牌曝光量巨大	打通电商渠道，将关注率转为销售量

续表

序号	年份	品牌名称	所属行业	营销诉求	互动元素	互动方式	互动特征	互动效果	
				传播信息/提升影响/吸引流量/提升形象/提升销量	促销活动/广告展位/游戏/故事/话题/其他	浏览/咨询/收藏/购买/评论/分享/打通社交与电商/其他		传播效果	销售效果
7	2014	顺丰优选	交通运输	提升形象和销量	网站二维码、话题	社交分享引爆话题、打通社交与电商	线上线下相结合	网页浏览量和新注册用户也大幅提高	2014年荔枝活动期间，岭南荔枝的销量相比2013年同比达到约1倍增长
8	2014	茵曼	服饰	提升形象和销量；品牌影响力提升和销量增长	话题、明星	浏览与购买、咨询与购买	用户即看即买	百度搜索指数、淘宝搜索指数、"双十一"预热阶段流量相比去年增长50%	预售额2209万元，排名女装类第一
9	2014	别克	汽车	提升影响与销量	故事、噱头、抽奖等促销活动	用创意吸引用户，让用户点击、收藏等；基于淘宝大数据和IDSP技术进行互动	精准	活动网站的访问量、独立访问量、预约试驾者	同时吸引了消费者的购车热情，顺其自然地促进了销售转化
10	2014	Mulberry	箱包	传播信息、吸引流量、提升形象、提升销量	虚拟体验店、微信公众号	浏览、购买	方便、用户即看即买		网络上掀起了微信购买该品牌的热潮

续表

序号	年份	品牌名称	所属行业	营销诉求 传播信息/提升影响/吸引流量/提升形象/提升销量	互动元素 促销活动/广告/展位/游戏/故事/话题/其他	互动方式 浏览/咨询/收藏/购买/评论/分享/打通社交与电商/其他	互动特征	互动效果	
								传播效果	销售效果
11	2014	水舍酒店	酒店	传播信息、吸引流量、提升销量	微信公众号、名人	浏览、咨询、分享	方便、用户即看即买	许多粉丝进行了浏览和转发	许多粉丝线上预订酒店
12	2015	良品铺子	网店	制造营销活动、促进销售		抽奖、全场包邮、五折封顶、独家周边、会场好礼			全渠道销售额迅速突破
13	2016	欧莱雅	美妆	全程直播明星戛纳电影节台前幕后，尤其化妆阶段，以此卖货	名人	观看直播、评论、点赞、购买	方便、用户即看即买	30多万观众在线观看	部分产品天猫旗舰店销售一空
14	2016	强生	美妆	提升形象、提升销量	明星、直播	观看直播、评论、点赞、购买	方便、用户即看即买		销售额
15	2016	张大奕网店	网店	传播信息	微博、直播	观看直播、评论、点赞、购买	积极互动、抢购		销售额
16	2016	乐町双11敢"#"放肆	服饰	做声量+推品牌+促转化	微博、微信意见领袖、互动话题、"双十一"吉祥物小#精、意见领袖网红直播、H5互动游戏	浏览、点赞、购买、分享	线上线下活动	曝光量、阅读量、分享量、评论、点赞	销量

续表

序号	年份	品牌名称	所属行业	营销诉求 传播信息/提升影响 形象/提升形象 吸引流量/提升销量	互动元素 促销活动/广告展位/游戏故事/话题 名人/代言 其他	互动方式 浏览/咨询/收藏/购买 评论/分享/打通社交与电商 其他	互动特征	互动效果 传播效果	互动效果 销售效果
17	2016	韩后	美妆	提升营销、提升销量	话题、名人、直播	观看直播、评论、点赞、购买	内容为电商创造流量入口	总曝光人次、视频网络播放量、社交话题互动量	天猫直播单天最高销量950万，唯品会渠道增长7倍，CS渠道销同比增长30%
18	2016	百草味	食品饮料	对新品进行命名、定位，营销四个方面的全面升级、打入年轻人市场	智能NFC特别版包装、代言人、意见领袖、虚拟产品	手机贴近芯片、收看热剧、与意见领袖互动	方便、购物体验独特	抱抱果上线18天，销量破1000万	截至2016年10月，市场占有率高达19%
19	2016	方大	家电	吸引各界关注品牌，为"双十一"预热	朋友圈广告、火炬接力赛、名人、H5、微博大号、贴吧	浏览、收藏、评论、分享	线上线下结合	调动社会化的传统力量和大众的关注度，引起网民为家乡投票PK，带来了数亿次的曝光量	

续表

序号	年份	品牌名称	所属行业	营销诉求 传播信息/提升影响/吸引流量/提升销量/提升形象/提升销量	互动元素 促销活动/广告展位/游戏/故事/话题/其他	互动方式 浏览/咨询/收藏/购买/评论/分享/打通社交与电商/其他	互动特征	互动效果	
								传播效果	销售效果
20	2016	飞利浦	家电	提高消费者对品牌的认知与好感度	话题、系列海报	转发		活动页面领取优惠券、UV、流量	产品销量获得提高，销售总量同比增加16%
21	2016	小尾羊	食品饮料	打动目标消费者，提升影响力，达成销售	故事、名人	微信、微博、APP	立体传播	曝光数目、广告点击数、成交人数	销售收入、销售份数
22	2016	可口可乐	食品饮料	制造营销活动，促进销售	游戏、AR技术、奖品	参与游戏	AR与电商促销结合	访问量、转化率	
23	2017	来伊份	食品饮料	传播信息、提升影响、吸引流量、提升形象、提升销量	直播、明星	投票、发布红包、即看即买、抽奖、竞猜、扫描二维码	立体互动	最高在线观看人数突破10万人	
24	2017	妮维雅	美妆	提升形象、提升销量	二次元、涂鸦、游戏、发布红包				粉丝新增12万、明星单品销量破万支